No es lo mismo

ostentoso

que

ostentóreo

José Antonio Pascual

Vicedirector de la Real Academia Española

No es lo mismo ostentoso que ostentóreo

La azarosa vida de las palabras

ESPASA

Diseño de cubierta: Grafica
Fotografía del autor: Salvador Gutiérrez Ordóñez

Depósito legal: B. 29.902-2012
ISBN: 978-84-670-1381-8

Impreso en España/*Printed in Spain*
Impresión: Cayfosa (Impresia Iberica)

Espasa Libros, S.L.U.
Avda. Diagonal, 662-664
28034 Barcelona
www.espasa.es
www.planetadelibros.com

El papel utilizado para la impresión de este libro es cien por cien libre de cloro y está calificado como **papel ecológico.**

A Carmina, con el recuerdo de aquellos veranos junto al mar, en los que tramamos este libro.

ÍNDICE

INTRODUCCIÓN

No estoy seguro del género al que podría pertenecer este libro. He pensado si no se tratará de un producto híbrido, a medio camino entre la novela y el ensayo. Porque algo tiene de novela que se crucen en el papel las vidas de unas cuantas palabras... Con todo, esto ocurre —lo reconozco— en una exposición de los hechos que deja algo que desear, pues las historias se superponen unas a otras, sin lograr llegar a un desenlace y se nota mucho además que se está buscando una moraleja: intentar que estas historias relativas al léxico del español sirvan para que el lector adquiera seguridad en el empleo de unas cuantas palabras de nuestra lengua, dos o tres centenares, entre las que estudio y las que empleo, con segundas, yo mismo.

Me he puesto a contar cosas sobre las palabras, con el fin de mostrar así unos cuantos problemas que les afectan, a la vez que he tratado de dar con el porqué de ellos. He de admitir, pues, que se trata de un ensayo sobre las palabras o, más propiamente, sobre el modo cómo los filólogos nos acercamos a ellas; no porque creamos tener la razón en lo que decimos, sino porque podemos encontrar razones para opinar. Me interesa más que el lector vea cómo he llegado a formar mi opinión —con mis equivocaciones e inseguridades anejas— a que piense que busque adoctrinarlo con lo que le digo.

En el fondo este ensayo es un elogio a la Filología, tan poco interesada por los procesos del conocimiento a través del lenguaje, como atenta a entender todo aquello que tiene que ver con su empleo. Tengo, como filólogo, la sensación de estar tan alejado de los lingüistas —lo cual no quiere decir que no me entienda muy bien con ellos—, como lo estaría de un bioquímico uno de aquellos médicos anticuados que lo mismo curaban las anginas, que encajaban un hueso dislocado o ayudaban a salir de un amago de depresión. Tampoco, la verdad, es que me sienta muy cerca de ese filósofo al que se refiere Sócrates, en el *Sofista* de Platón, que observa desde lo alto de la vida el mundo de los mortales, pues soy un mortal más, que tiene los mismos problemas que los demás, aunque con algo más de malicia para entender alguno de ellos referentes al lenguaje.

Un joven lingüista —jóven, al menos, para mí—, Luis Cortés, se ha referido recientemente a que «desde hace más de un siglo, en el estudio de nuestro idioma se abandonó la vertiente más productiva, la práctica, en favor de la descripción sincrónica de sus estructuras», relegando así el aprendizaje de la lengua oral a «su adquisición espontánea por parte de los hablantes». Esta es indudablemente una desgracia, pero una desgracia que se agranda porque en ese abandono le ha acompañado el desinterés por la historia de las palabras, con lo que se ha dejado así de lado uno de los medios más importantes con que contamos para entender las aparentes arbitrariedades en su formación, en su significado y en su uso.

Por la historia me voy a mover a lo largo de este libro, tratando de jugar con el lector y hasta intentando que se divierta mientras lo lee. He querido hacer una obra entretenida, en la medida de lo posible, con la que quien me siga —naturalmente leyendo unas cosas más rápidamente que otras, aparte de que se salte algunas de ellas— se atreva a gustar de la lengua, que es lo mismo que atreverse a entenderse con ella. Con este fin me he obligado a prescindir de la jerga especializada; aunque en algunos casos haya tenido que usar algunos términos a los que he dotado de una rápida explicación, mientras evitaba todo lo posible su empleo. Mis colegas se darán cuenta del esfuerzo que he tenido que hacer para no empeñarme en distinguir entre *significado* y *sentido;* o para prescindir de palabras como *lexema*, o *connotación* (empleada esta en su sentido técnico), salvo si nos topamos en una cita con voces así, como acaba de ocurrir con *sincrónico*. De este modo pierde el texto en precisión, pero la he sacrificado con gusto para lograr —al menos esa ha sido mi pretensión— un más fácil acercamiento a mis explicaciones.

En el maravillosamente hermoso mes de mayo, como en cualquier luminosa mañana de verano o atrapados por el frío y la lluvia que nos acecha en febrero, siempre está la lengua a nuestra disposición. Podemos maltratarla o llenarla, por el contrario, de todos nuestros cuidados y lograr así que suene lo mejor posible; podemos emplearla con desinterés y desgana o buscar ser creativos con ella, y hasta hacernos cómplices suyos. Todo se justifica, menos el silencio a que nos llevan las críticas desmesuradas que se nos hacen cada vez que nos equivocamos. Justo Navarro, en el poema «Otros modos de provocar afasia» (de su libro *Mi vida social*) escribe:

> Una vez me contaba que la voz
> de su padre le provocaba
> afasia, eso me dijo
> parálisis de la musculatura vocal, silencio, lengua
> atada. No aprendíamos retórica,
> el arte de persuadir, sino el arte
> de enmudecer,
> a uno mismo o al adversario.

No, los errores no pueden ser el pretexto para hacernos callar ni para que no tratemos de esmerarnos en nuestra expresión, pues los problemas más graves referentes a la lengua no viene del forcejeo a que la sometemos diariamente, con las comprensibles incorrecciones que nos acechan, sino del silencio. La lengua no es una enemiga a la que debamos combatir por sus normas extrañas, sino un entrañable instrumento que hemos de tratar de manejar cada vez mejor a lo largo de nuestra vida. Así podremos llegar a entender a los demás y entendernos a nosotros mismos.

I
El ADN de las lenguas

Las lenguas son instrumentos muy refinados que nos sirven para comunicarnos con nuestros semejantes, dándoles cuenta de nuestras ideas, mostrándoles nuestros sentimientos, permitiéndonos, incluso, mentirles, amenazarlos... No circulan, disueltas en la sangre, por las venas del cuerpo, por más que sus mecanismos básicos estén insertos en la estructura del cerebro. Tienen además estos instrumentos admirables la condición de estar sometidos inexorablemente al cambio.

Este libro tiene como fondo el cambio lingüístico, visto con la normalidad con que nosotros mismos lo promovemos cotidianamente, no como un castigo que afecte a las lenguas, a la manera como se las representaba Samuel Johnson a mediados del siglo XVIII, en el prólogo a su monumental diccionario inglés: porque «las lenguas, como los Gobiernos, tienen una tendencia natural a degenerar». El cambio es connatural con las lenguas; no solo porque los vocablos hayan de irse adaptando a la evolución que experimenta la sociedad, sino también porque los hablantes, cuando tratan de ser expresivos, saben que cuentan con la posibilidad de escapar a lo esperable: lo mismo da que se trate de una palabra tomada de una lengua extranjera, que se recupere de la lengua propia una voz que parecía definitivamente olvidada o que se cree esta a partir de las ya existentes.

Naturalmente los hablantes se tropiezan también en este empeño y promueven cambios por mera equivocación.

Quizá se pueda pensar que me estoy excediendo en mi optimismo a propósito del cambio o que me he inficionado de una especie de *buenismo* propio del profesor recién jubilado, que dispuesto a seguir enseñando le pone las cosas fáciles a quienes piensa que podrían ser sus posibles alumnos. Para mostrar que esto no es así, me atrevo a pedirle al lector que se pregunte qué ocurriría si desaparecieran del español palabras como *añorar* y *añoranza*. Estimará quizá que esto nos dejaría inanes para hacer aflorar algunos de nuestros sentimientos más íntimos, con lo que se desgarraría un pedacito del alma de nuestra lengua. Sería muy grave no poder explicar a nuestros seres queridos lo que experimentamos cuando estamos lejos de ellos; pero, antes de responder a esta pregunta, convirtiendo este ejemplo en categoría, pensemos las cosas con calma. Mientras tanto sigamos con las lenguas.

Estas son, como he empezado por decir, instrumentos que nos permiten comunicarnos, en los que el cambio no supone una condena a la degradación: junto a las pérdidas de vocabulario se incrementan de un modo paralelo sus ganancias, sin que con ello cambie eso a que acabo de aludir y de lo que se echa mano tantas veces, la inexistente alma de la lengua. Acabo de referirme a los sentimientos, como piedra de toque para ver si podemos no magnificar los problemas que entraña el cambio en el léxico, y por ese terreno de los sentimientos voy a continuar moviéndome, empezando por una serie de voces que mantienen alguna relación con uno de ellos: la tristeza.

De los sentimientos: algunas pérdidas en la manera de expresar la tristeza

Empezaré por señalar que *sinónimo* —una palabra que va a aparecer en este libro— se formó combinando el griego *nomos* (que aparece en *anónimo* 'de nombre desconocido', *heterónimo* 'de nombre distinto al del que escribe realmente una obra') y el prefijo griego *syn-* ('con': *sinergia, síntesis, síndrome*). Los sinónimos vienen a ser los vocablos que 'significan conjuntamente', es decir, que 'significan lo mismo'. Voy a referirme a los que expresan la condición de quien se siente apesadumbrado; empezando por el más común de ellos, el adjetivo *triste*, que tiene a su lado un adjetivo al que solemos recurrir menos: *melancólico* (con alguna diferencia de matiz, pues no toda tristeza puede llamarse *melancolía*), y tuvo en el pasado otros como *doliente* o *pensativo,* que vamos a encontrar todos juntos —puestos en cursiva— en esta traducción que se hizo a principios del siglo XVI de la *Vida de Ysopo*:

> Este Nero había una hija hermosa, la cual dio en casamiento a un hombre no menos hermoso que rico y de buen linaje. Y cuando esta nueva casada vino en casa de su padre no mostraba alegría, mas cuando la miraban inclinaba su vista en tierra muy *tristemente* como *melanconiosa* y llena de *pensamiento*. Y cuando la madre vio su hija tan *pensativa* y *doliente* demandaba la causa de su dolor diciendo:
>
> —¿Cómo os va, mi amada hija? ¿Qué os falta? ¿No habéis vos las cosas a vuestra voluntad y placer? ¿Por qué sois tan *melanconiosa*?
>
> La hija respondió llorando muy tiernamente:
>
> —¡Ay, madre! Vos no me habéis casado con hombre, ca lo que hombre debe haber, este no lo ha, ca él ha muy pequeña parte del miembro de generación.
>
> Y de esto fue la madre muy *triste* e airada por haber habido tal fortuna.

En este pasaje algunas de las palabras que se refieren a una tristeza muy justificada han desaparecido o perdido este sentido en español: sí se mantienen el adjetivo *triste* y el adverbio *tristemente*, derivado de él, así como el adjetivo *malenconioso* —si bien, aunque aparece escrito de este modo en el diccionario, lo único que suele usarse es *melancólico*, con otro sufijo—; pero no podríamos acudir en nuestra época a la frase «lleno de pensamiento» —donde *pensamiento* significa 'tristeza'— y, paralelamente, al adjetivo *pensativo*, ni a *doliente* (que hoy solemos usar casi exclusivamente en referencia a don Enrique el Doliente, es decir, 'enfermo'). La tristeza está subrayada en este texto con esa mirada que la joven dirige al suelo, aderezada con las lágrimas. Signos muy semejantes a los que, casi un siglo después, en el *Quijote*, percibimos en Cardenio, que tenía «la cabeza inclinada sobre el pecho, a guisa de hombre pensativo», que permiten saber al cura y al barbero quién era *el triste*.

No era la única forma de mostrar la tristeza; veamos otra en el propio *Quijote*, en que aparece don Fernando, sentado en una silla, con la mano en la mejilla, dando muestras de estar muy *pensativo*. Es el mismo signo con que capta mucho después Azorín la tristeza de un ilustrado: «En el primer balcón de la izquierda hay un hombre sentado. Parece abstraído en una profunda meditación. Está el caballero, sentado, con el codo puesto en uno de los brazos del sillón y la cara apoyada en la mano. Una honda tristeza empaña sus ojos»; el mismo gesto que veremos un poco más adelante en unos versos de Antonio Machado, con los que lanza un guiño a Azorín. Gesto que venía de lejos, pues su significado nos lo explica ya Alfonso X el Sabio en *El libro de ajedrez*, como imagen de un Saturno, viejo y triste, que apoya su cara —y con ella el peso de su tristeza— en una mano. Es un dato, como algunos más que tienen que ver con la expresión de la tristeza, que tomo de Jean-Pierre Étienvre.

Cualquier lector entenderá fácilmente estos síntomas de la tristeza, y no tendrá demasiada dificultad para entender el sentido de *pensativo* o *doliente* en los textos del pasado, por más que ya no los emplee. A esta disminución de los vocablos referidos a la tristeza no hemos de concederle un valor trascendente, por ejemplo aventurándonos a dar una interpretación relacionada con una tópica melancolía española, existente antes incluso que se pusiera de moda el victorhuguesco *bonheur d'être triste,* es decir, la felicidad de sentirse triste.

Moviéndonos todavía dentro de la tristeza, una mezcla de esta con la soledad facilita la añoranza, que es la voz de que he partido en este capítulo y que he dejado a la espera, para que el lector fuera dándole vueltas. ¿Qué pensará si le digo ahora que en esta lengua milenaria nuestra nació *añorar* antes de ayer, bien avanzado el siglo XIX, tomada en préstamo del catalán *enyorar* (que a su vez procede del latín *ignorare*, en el sentido de 'no tener noticias de un ausente')? Poco tiempo después estaba tan aclimatado el catalanismo que recurre a él Antonio Machado, como si fuera ya lo más normal del mundo, en unos versos en que toma como signo del alma de Castilla la imagen azoriniana, a la que ya me he referido, «de un hombre triste del balcón, que veo / siempre añorar, la mano en la mejilla».

¿Qué hubiera ocurrido si don Antonio no hubiera contado con esta voz, como les había ocurrido a los escritores de nuestro Siglo de Oro? La verdad es que nada que hubiera supuesto un problema irresoluble, pues para expresar esta sensación podía haber recurrido a *echar de menos,* combinación cuyo sentido, por cierto, no se deduce de la suma del significado de sus componentes: *echar* + *de* + *menos*. Y es que este *echar* nada tiene que ver con el verbo *echar* 'arrojar', sino que se adopta en el Siglo de Oro o, mejor, se adapta de la combinación portuguesa *achar menos*, paralela a la española *hallar menos*, que significaba 'no hallar, no encontrar'. Lo ejemplificaré con un pequeño fragmento de una carta de finales del siglo XVI, donde se relacionaba precisamente la soledad con la añoranza, en la definición que daba «un enamorado que dijo que la *saudade* era un mucho *hallar menos* lo que se amaba».

Machado hubiera podido contar también con *faltar* o con una frase que incluyera la voz *ausencia*, como «sentirse triste por la ausencia de alguien», o con cualquier otro recurso, de tantos y tantos a los que habían recurrido los poetas anteriores para mostrar las consecuencias de la ausencia de la amada. De algún modo se las hubiera arreglado para dejar claro lo que quería decir, ya que en la lengua no existen huecos de significado, salvo si creemos que para explicar nuestros sentimientos disponemos solo de un repertorio cerrado de palabras —las que vienen en el diccionario— y que no existe la posibilidad de combinarlas para multiplicar indefinidamente las posibilidades de referirnos a cualquier realidad. Veámoslo pasando de los sentidos a algunas de las actividades relacionadas con ellos, empezando por la de dormir.

La expresión de las mil formas de referirse al acto de dormir

Cada lengua deja en la sombra algunos conceptos por no disponer de etiquetas concretas para designarlos; de ahí que un personaje de una novela de Antonio Muñoz Molina se queje de una de estas carencias, que impide matizar entre *adormecida* o *soñadoramente*: «una irritante deficiencia del español es que usa la palabra *sueño* para dos cosas tan distintas como *sleep* y *dream*». Ello no significa, como decía antes, que no se puedan explicar las cosas por otros procedimientos. Ciertamente la voz *ensueño* es literaria y no entra en la lengua corriente como una moneda del mismo curso que *sueño*, por lo que disponemos, de hecho, de una palabra menos que el inglés; pero ello no crea, como veremos, el menor problema en la comunicación. Es más, a esta imposibilidad del español podríamos añadirle, mirando las cosas desde la orilla del alemán, esa otra de no distinguir, cuando nos referimos al sueño, entre estar durmiendo o encontrarse en el momento de caer en él dejando la consciencia de lado. Para esta distinción dispone el alemán de los verbos *einschlafen* 'entrar en el sueño' y *durchschlafen* 'dormir de un tirón', dado que *ein-* implica la introducción en un estado o acción y *durch-,* la duración. Distinción que nos facilitaría explicar al médico, por ejemplo, que nos dormimos rápidamente, pero luego nos despertamos a menudo o, por el contrario, que tardamos en hacerlo y, en cambio, luego dormimos como troncos; aunque, como se ve, también se lo podemos contar tal y como acabo de hacerlo, combinando las palabras corrientes y molientes de nuestra lengua.

No distinguir, como hace de manera rotunda el inglés, entre los adverbios *sleepy* y *dreamy* no hace del español una lengua más endeble. No necesitamos justificarnos diciendo que en otros terrenos se encuentran distinciones pertinentes y originales, como la que nos permite emplear *ser* o *estar*, etc.; no, la razón es que no termina en las palabras aisladas la posibilidad de decir las cosas con precisión y refinamiento, pues se requiere saber combinarlas. Y esto se logra de muy diferentes maneras, exactamente lo mismo que ocurre con las varias posibilidades de interpretar una pieza musical.

Voy, precisamente, a tratar de mostrar las mil posibilidades con que contamos para matizar las sutiles diferencias que pueden darse en el puro acto de dormir. En la manera más sencilla de comunicarnos, la que conocemos como lengua coloquial, podemos decir, como lo hago yo ahora, que hemos dormido bien o mal o profundamente, o que se nos ha venido el sueño encima casi sin enterarnos. Y hasta podemos pasarnos a ámbitos más técnicos refiriéndonos a una modalidad de sueño que los especialistas designan por medio de la sigla REM (formada sobre las primeras letras de «rapid eye movements») o, españolizándolo, MOR («movimientos oculares rápidos»), no REM...

A este acto de dormir se le ha prestado desde antiguo una cuidadosa atención, fijándose, como hace san Agustín, en el modo como se entra en el sueño o se sale de él. Si recurrimos a la literatura española, esta nos muestra las posibilidades de adentrarnos aún más por este complejo laberinto del dormir. El marqués de Villena, a principios del siglo XV, comentando un pasaje de la *Eneida* relacionado con la guerra de Troya, se refiere al *primer sueño*: «que es aquel tiempo de la noche que a los flacos mortales comienza su primer reposo». Vamos a acudir precisamente a un texto referente a esa misma guerra, la *Ilíada en romance,* que se tradujo del latín también en el siglo XV, para mostrar que antes, como ahora, era posible hacer una gran cantidad de matizaciones. Para la acción de 'dormir' se cuenta con el propio verbo *dormir* y, junto a él, con *adormecerse,* 'empezar a dormir'; para 'estar durmiendo' se acude a una perífrasis como *yacer en el sueño*, de la que se puede elidir el complemento y dejar a la responsabilidad del propio *yacer* ese mismo significado. El traductor es muy preciso en la presentación de las situaciones que anteceden al propio acto de dormir, empezando por que alguien *no se duerme*, o *no puede dormirse*, o que el sueño *no se asienta*, o *no se allega a los ojos*, o *huye* o *le deja a uno*, o *no se tiene* (es decir, 'no se mantiene'). También, al contrario, *el sueño engaña* a los soldados y se les cuela así subrepticiamente imposibilitándoles la vela. Y en el propio acto de dormir se matiza cuándo este es *muelle* o *dulce*, o cuándo es *malo*, pues se da por supuesto que el sueño reparador es la mejor manera de *holgar* que tiene una persona, de forma que este verbo puede aparecer como sinónimo de *dormir*.

He traído a colación estos ejemplos literarios, pues muestran algo que no deberíamos olvidar en nuestra cultura de la oralidad: que los escritores nos brindan muchas maneras de combinar las palabras para precisar nuestro pensamiento; lo cual exige esfuerzo, pero no sé yo que no lo requiera también conseguir lo que nos interesa de verdad, lo que nos apasiona. Supone mucho trabajo llegar a escribir a la manera como lo hace Antonio Gamoneda, pero dudo que se pueda ir más allá de esa forma particular de sueño que nos transmite en el *Libro del frío*: «Ah, la morfina en mi corazón: duermo con los ojos abiertos ante un territorio blanco abandonado por las palabras». No se llega tan lejos en una novela de Vikram Chandra, *Juegos sagrados*, que va a aparecer citada a menudo en este libro —pues su lectura me ha acompañado mientras lo preparaba—, cuando un personaje que se encuentra en un proceso muy avanzado de degradación cerebral, «Sabe que sueña. Sabe que está durmiendo, y sabe que está soñando. Es consciente de sí mismo como el observador dormido», igual que otro personaje sentía la presencia de su padre muerto cuando «se bañaba con delicadeza en los pantanos del sueño». A Sancho Panza le bastaba con cerrar los ojos para dormir, tal y como leemos en el *Quijote*, pero lo expresaba a su manera: «a Sancho le vino en voluntad de dejar caer las compuertas de los ojos, como él decía cuando quería dormir».

Las mil formas de referirse al acto de despertar

Hemos visto antes con cuánto refinamiento expresa un escritor la manera como llega a arroparnos el sueño. El mismo refinamiento con el que se puede dar cuenta de las distintas formas de despertar. Disponemos, para empezar, de dos sinónimos: *despertar* y *recordar* (voz que nos ha de sonar de los versos «recuerde el alma dormida, avive el seso y despierte» de las *Coplas* de Jorge Manrique), junto a *acordar*, emparentado con este último. Todavía hoy se puede oír *recordar* para 'despertar' en algunos pueblos españoles y americanos, e incluso aflora en la pluma de escritores como Jorge Luis Borges, que escribió en *El libro de arena*: «Hubiera preferido recordarse ('despertarse') con el sol ya bien alto». Para expresar esta acción del despertar se podría recurrir también a una perífrasis como *levantarse del sueño,* que encontramos en la traducción cuatrocentesca, ya citada, de la *Ilíada*, o *tornar en su acuerdo,* 'volver en sí', como le ocurre a Carmesina en la traducción castellana del *Tirante el blanco*, de principios del siglo XVI, o *volver en su acuerdo,* en el caso de un personaje del *Lazarillo*.

En todas las épocas y en todas las literaturas se ha dado cuenta de muchas maneras de un despertar gradual. Se piensa —aunque yo no estoy muy seguro de ello— que los siguientes versos de Jorge Guillén se refieren a una lenta forma de despertar:

(El alma vuelve al cuerpo.
Se dirige a los ojos
Y choca.) —¡Luz! Me invade
Todo mi ser. ¡Asombro!

Hay otras formas de presentar este acto en progresión, empezando por «alcanzar la primera capa de su conciencia» (José María Guelbenzu), o no llegando del todo al despertar: «Su voz intentaba evitar que quedase como un imbécil en el diálogo telefónico con Regina, pero era inevitable: aún no había logrado regresar completamente del sueño y entender dónde estaba, quién le hablaba, qué ocurría» (Daniel Samper Pizano). Marcel Proust fragmentó en algunas pequeñas acciones la recuperación de la conciencia tras el sueño (lo digo por medio de las palabras de un traductor, Pedro Salinas):

> El caso es que cuando yo me despertaba así, con el espíritu en conmoción, para averiguar, sin llegar a lograrlo, en dónde estaba, todo giraba en torno de mí, en la oscuridad: las cosas, los países, los años. Mi cuerpo, demasiado torpe para moverse, intentaba, según fuera la forma de su cansancio, determinar la posición de sus miembros para de ahí inducir la dirección de la pared y el sitio de cada mueble, para reconstruir y dar nombre a la morada que le abrigaba.

Igual que Cesare Pavese pudo recordar, por vía metafórica, esa lenta progresión en el despertar de la infancia, en que cada vez la realidad había de vestirse de nuevo, antes de ser reconocida por los ojos de los niños (el dato me lo proporciona María de las Nieves Muñiz y lo cito en traducción de Esther Benítez):

> Ocurría que nos despertábamos por la mañana poco a poco, sin una sacudida, como una barca se acerca a la orilla, y bajábamos doloridos mirando a nuestro alrededor, un poco sorprendidos, como si aquellos eternos barracones fueran

> los mismos, sí, pero nuestros ojos, lavados en el mar negro del sueño, no los reconocieran enseguida.

Puestos a ver matices, resulta difícil ir más allá de donde nos conduce un escritor místico como Francisco de Osuna, que en su *Tercer abecedario espiritual* se siente capaz de implicar en esas acciones encadenadas del despertar al propio sujeto:

> Y es cosa muy experimentada entre los que se dan al recogimiento, que cuanto más oración tuvieron antes del sueño tanto más presto tornan a ella cuando despiertan. Y aun acontece una cosa que apenas será creída, y es que antes del despertar torna el ánimo a la oración, y esto por una manera maravillosa, pues despierta el hombre primero por dentro que por fuera, y antes que del todo esté despierto se torna a la oración; y algunas veces acaece que está en su mano acabar de despertar o no, y esto porque el comenzar a despertar por de dentro es muy distinto del despertar en lo de fuera, y entonces está el ánima dentro en sí como el agua viva que está debajo del yelo muerto, o como el pollo que vive dentro en el huevo sin lo haber horadado, o como Jonás, profeta, que estaba en el vientre de la ballena y desde allí pudo orar al Señor.

Existe naturalmente la posibilidad de mostrar la lucha contra el despertar, que Juan Carlos Onetti expresa de esta manera: «me levanté tratando en vano de sujetar la cola del sueño». Pero voy a dejar aquí este recorrido, sin mostrar otras posibles maneras como la lengua nos permitiría referirnos al despertar, dando cuenta de un derivado de *sueño —sueñera—* con que nos sorprende de nuevo Onetti: trata de magnificar con él el peligroso curso de un río que ha de cruzar: «luego de atravesar un río de barro y de sueñera...», acudiendo a unas palabras tomadas del comienzo de un poema de Jorge Luis Borges sobre la *Fundación mítica de Buenos Aires:* «¿Y fue por este río de sueñera y de barro que las proas vinieron a fundarme la patria?».

Llegados aquí, conviene decir desde el principio que no todo en la lengua es claridad y nitidez. Hay juego y creatividad, como la hemos encontrado en la manera de referirse los escritores al sueño, al dormir y al despertar.

El camino compartido entre el amor y el conocimiento

Estamos dejando de lado el diccionario, ocupados solo por las posibilidades de la lengua literaria. Vamos a continuar con ella para mostrar las maneras como se ha llegado a expresar una realidad más compleja aún que la del sueño, relacionada también con los sentidos: concretamente la referida al hecho de conocer o al de amar.

Todo empieza por los ojos, que son las ventanas por las que se cuelan tanto las imágenes de la realidad como las flechas del amor; no es casual que Aristóteles muestre, en el comienzo de la *Metafísica,* el camino de la vista como el preferente para el hecho de conocer:

> Todos los hombres por naturaleza desean saber. Señal de ello es el amor a las sensaciones. Estas, en efecto, son amadas por sí mismas, incluso al margen de su utilidad, y más que todas las demás, las sensaciones visuales. Y es que no solo en orden a la acción, sino cuando no vamos a actuar, preferimos la visión a todas —digámoslo— las demás. La razón estriba en que esta es, de las sensaciones, la que más nos hace conocer.

Teníamos así en español un verbo como *antojar*, que comenzó significando lo que 'se pone ante los ojos', como vemos en el siguiente ejemplo de Alfonso X el Sabio: «Allí se parará ante tus ojos la imagen de esta mujer y se antojará como está delante de ti, desgreñada»; desde esos *antojos* hasta el entendimiento media un pequeño trecho, en el que hemos de contar con esa puerta de entrada que son los ojos, a los que Calisto, en la *Celestina,* responsabiliza de sus males: «¡Oh mis ojos! Acordaos cómo fuisteis causa y puerta por donde fue mi corazón llagado. Acordaos que sois deudores de la salud». Porque si el loco amor se abre paso por ellos no hay defensa posible; de ahí que se pueda decir «ojos que no ven, corazón que no siente», o «lontano degli occhi, lontano dal cuore» ('lejos de los ojos, lejos del corazón').

Todo lo que *percibimos* o *captamos* es *concebido* por los ojos, en el sentido de 'cogido, tomado', como vemos en este otro ejemplo de la *Celestina:* «La admiración *concebida* en los ojos desciende al ánimo por ellos» (las palabras anteriores que aparecen en cursiva proceden del verbo latino *capio,* que significa 'tomar, agarrar', y de sus derivados *concipio* y *percipio*). El resultado de esta acción es que el cerebro, una vez despierto, queda *preñado* de la realidad que se le allega, como se dice en el *Libro de la albeitería,* de Pero López de Zamora, de 1571; o esta deja en él su huella *impresa* —lo que explica que nosotros podamos *tener una buena impresión* de algo—. Lo expresa a su manera Feijoo, muchos años después, en el siglo XVIII: «Luego que algún objeto se presenta a cualquiera de los sentidos externos, hace una determinada impresión en los ramos de los nervios, que son instrumentos de aquel sentido; impresión, digo, verdaderamente mecánica, que los agita y conmueve de este o aquel modo», dando cuenta de la relación entre la mente y el corazón: «así como de la textura del cerebro pende la impresión que hacen en él los objetos, la textura del corazón contribuye mucho para que obre más o menos en él la impresión que viene del cerebro», de forma que «No falta quien pretenda que la blandura de corazón es prueba de ingenio».

Puede también *escribirse* la realidad externa en la mente o en el corazón, una vez que se ha abierto paso a través de los ojos, según las *Sumas de historia troyana*, del siglo XIV: «andaba el amor escribiendo los llantos de Policena e los sus gestos e su continente en el corazón de Aquiles»; de ahí que Celestina pueda decir: «leído has donde yo, en un corazón estamos» y que Garcilaso tuviera escrito en su alma el rostro de la amada:

> Escrito está en mi alma vuestro gesto
> y cuanto yo escribir de vos deseo;
> vos sola lo escribisteis, yo lo leo
> tan solo que aun de vos me guardo en esto.

Se entiende que esa huella que deja la realidad en la mente o en el corazón sea más fuerte en casos como estos, donde es el amor el que se cuela a través de los ojos. Lo explica así Herrera, comentando el comienzo del soneto VIII de Garcilaso:

> De aquella vista pura y excelente
> salen espíritus vivos y encendidos,
> y siendo por mis ojos recibidos,
> me pasan hasta donde el mal se siente.

Y lo explica:

> La origen del amor, que es afección gravísima y vehementísima del alma, nace de la vista; de suerte que el amante se resuelve, y desata, y licuece, cuando ve una mujer hermosa, como si todo se hubiese de traspasar en ella. Porque la vista pinta y figura otras imágenes como en cosas líquidas, las cuales se deshacen y desvanecen presto y desamparan el pensamiento y el entendimiento; mas las imágenes de los que aman, esculpidas en ella como inustiones hechas con fuego, dejan impresas en la memoria formas, que se mueven, viven y hablan y permanecen en otro tiempo.

Para expresar procesos tan complejos como los referentes al amor y al conocimiento se requiere aprovechar las posibilidades metafóricas del lenguaje incorporando a una palabra nuevos sentidos tomados de la realidad más cercana y accesible. No se aleja este proceder del de los filósofos —Santo Tomás, por ejemplo— que se hacen una idea del acto de conocer como la siguiente: «El nombre del entendimiento implica un conocimiento íntimo. Entender significa, en efecto, algo como *leer dentro.* Y como el conocimiento del hombre comienza por los sentidos, o sea, desde el exterior, es evidente que cuanto más viva sea la luz del entendimiento, tanto más profundamente podrá penetrar en el interior de las cosas».

Cuando la idea llega al entendimiento ha de encenderse la *luz* de la razón —¿no decimos de algunas personas que tienen muchas *luces*?—. Se pensaba —incluso por los humanistas— que era Dios quien alumbraba la luz del entendimiento. Por ello puede decir Alfonso de Valdés: «luego me alumbró Dios el entendimiento y conociendo ser verdadera la doctrina cristiana, me determiné de dejar las otras supersticiones y los vicios», pero esta *luz* o *ilustración* de la mente puede ser transitoria —en un loco, por ejemplo— y apagarse. Lo cual se explica también por la intervención divina, como hace Valdés: «Agora te digo, Mercurio, que ha Dios cegado a los franceses el entendimiento, no queriendo que sus trampas queden encubiertas», con la misma ironía con la que se justifica en el *Lazarillo,* a través de Lázaro, el error del ciego al confiar en él y dar el salto fatídico contra el poste diciendo: «Dios le cegó aquella hora el entendimiento (fue por darme de él venganza)».

De todas estas imágenes que se agrupan en torno al hecho de conocer, quedan bien grabadas en las posibilidades de nuestra lengua esas puertas de entrada al conocimiento a que recurre Carlos Fuentes en *La silla del águila*: «en estos momentos las puertas de mi mente son como las de una cantina: se abren, se cierran, se golpean». Lo cual explica Bernardo Atxaga por otro camino, haciendo que los ojos, de ser un mero instrumento de la mente, se conviertan en una prolongación de ella en el acto de conocer:

> La mirada es parte decisiva a la hora de conocer lo que más tarde, con mayor o menor agresividad, bautizaremos con el nombre de Realidad. Y, sin embargo, ese término tan rotundo de la Realidad designa algo en cierto modo arbitrario, algo que depende de la mirada: entendida esta no en su sentido habitual de diccionario, sino como una extensión de la cabeza que mira. Es lo que escribió el geógrafo Martínez de Pisón: «No ven los ojos, ve la cabeza».

Emilio Lledó, continuando con la idea de Aristóteles, ha mantenido el protagonismo de los ojos en el proceso del conocimiento, porque sin asustarse por la *metonimia* que puede darse entre *ojos*, el instrumento, y *mente*, el actor: «ver es una forma de saber lo que se mira», consciente el filósofo de que *idea* es, por consiguiente, *lo que se ve*.

Abrir las puertas del conocimiento da lugar en todas las lenguas a unas posibilidades metafóricas aplicables a lo desconocido, que nos lleva del microcosmos, en que tratamos de bucear en el alma de las personas, hasta el amplio universo, tan alejado y ajeno. Hacia el microcosmos se dirige el título del libro de Huxley *The Doors of Perception,* que tomó de un poema de William Blake, en el que dice: «Si las puertas de la percepción se purificaran todo se le aparecería al hombre como es, infinito»; incidentalmente ese título de Huxley es, a su vez, el origen del grupo musical *The Doors*. Y en cuanto al macrocosmos, tenemos, como ejemplo, a ese personaje de Paul Bowles que, en su novelita *Muy lejos de casa*, dice: «Sería lógico pensar que la noche no es más que el tiempo en que se abren las puertas del cielo y se puede mirar al infinito».

Hemos dado unos pasos por distintas opciones de la literatura, que explican cómo se ha ido construyendo un vocabulario que creeríamos que emana directamente del pensar y de los sentimientos. Pero, para llegar a construirlo, nuestros antepasados han tenido, primero, que hacerse una idea sobre cómo se desarrolla el acto de conocer, muy semejante al de amar, y construirlo, después, con el apoyo del andamiaje metafórico que el ser humano tiene en su mente.

No ir por lo derecho

La complejidad de la tristeza, del sueño —bien sea para adentrarnos por él, bien para escapar a sus encantos— o del conocimiento y del amor nos ha llevado a ver hasta qué punto los escritores —por no referirme a nosotros mismos cuando hablamos— son capaces de matizar esta realidad conceptual. Es importante tomar esto en consideración cuando hay quien piensa que las lenguas son mejores o peores, sin caer en la cuenta de que son sus hablantes quienes han de sacar todo el provecho de las posibilidades que ellas les brindan. Podemos, claro está, conformarnos con decir simplemente que tenemos sueño, que nos hemos despertado, que queremos a una persona y que entendemos lo que nos dicen, y, además, con la altanería de quien cree que la pobreza de recursos es como una prueba de hidalguía, sobre todo si levantamos bien la voz para decir todo aquello que resulta banal e irrelevante.

Vamos a caminar un poco más allá, con el fin de llegar a ver cómo por encima de las palabras que hemos visto surgir —es el caso de *antojo, captar* o *alumbrar el entendimiento*— existen unos cauces por los que discurren estas, que condicionan de algún modo sus significados —¡aquí quizá ya fuera justificable la metáfora sobre el ADN de la lengua!—. Lo ejemplificaré por medio de la presentación de algunas voces referidas a lo que se desvía del camino o lo que está torcido, propensas a desarrollar un significado negativo, de lo que han tratado Rosa Espinosa y Carlos Sánchez Lancis. De poco serviría que nos empeñáramos los académicos, contra toda razón, en frenar estos cambios, solo para darle la razón a Julio Camba, que decía —supongo que en broma— que «El castellano no evolucionará nada, porque ahí están los académicos para impedir que evolucione».

Así, si a una persona que actúa con *rectitud* (palabra derivada de *recto* 'derecho') la consideramos justa, cuando decimos de ella que actúa *torticeramente* o incluso *torcidamente,* queremos presentar su comportamiento como injusto o malo. Por eso mismo se ha ampliado el sentido material que tiene *retorcido* (por ejemplo, tratándose de una rama) para aplicarlo a las personas de intención sinuosa. *Avieso*, que Covarrubias define en su diccionario: «lo que no va por vía derecha», procede del latín *aversus,* participio de *avertere*, que significa, efectivamente, 'desviado, apartado, torcido'; y ese desvío es el que explica que hoy este adjetivo signifique 'malo', igual que el adjetivo *revirado,* que empleaba un querido amigo palentino en el mal sentido de 'persona *retorcida*', procedente del verbo *revirar,* que he oído en algunos lugares del antiguo reino de León, con el significado de 'torcer, desviar' que le atribuye también el diccionario académico, y que es además gallego. Quien se haya adentrado por un libro tan hermoso y lleno de humanidad como los *Milagros de Nuestra Señora,* de Gonzalo de Berceo, y haya llegado a la vida del malvado Teófilo, habrá visto que aquel mezquino, tras haberse arrepentido, reconoce que la Virgen siempre intercede por la gente *desviada*, es decir, que se ha apartado del camino recto, de la *diritta via*.

Aunque la lengua no solo camina yendo de la realidad material a la más abstracta de la manera de ser de las personas; hay también caminos de vuelta, como el que recorre la voz *perverso* en la pluma del botánico Hipólito Ruiz López, que dirigió, a finales del siglo XVIII, la expedición botánica al virreinato del Perú: se refiere por medio de ella a los *caminos perversos* que encontró por allí, del mismo modo que Gaspar Melchor de Jovellanos deja constancia en su *Diario* de haberse tenido que mover por un *camino perverso* y unas *perversas calzadas*. Se ha aplicado aquí a la realidad material un sentido negativo que tiene *perverso* (procedente del latín *pervertere* 'trastornar', y este de *vertere* 'hacer girar') aplicado a las personas, a sus ideas, facultades, acciones, etc. Tengo para mí, en cambio, que cuando se dice que los geómetras algebraicos trabajan con *haces perversos* no es para zaherirlos.

Una forma de abandonar el camino es atravesándolo, que es lo que significa etimológicamente *transgredir*. Y es necesario salirse del todo de él para huir de un lugar, por lo que se entiende que el *desaforado*, voz que designa en principio a quien se sale del marco de la ley (del fuero; *aforar* era 'otorgar un fuero'), sea un 'desenfrenado'. Del mismo modo el adjetivo *ejido* (del latín *exitus*, participio de *exire* 'salir', que es lo que explica el inglés *exit*, el español antiguo *exir* 'salir' y el sustantivo *ejido*, referido al terreno que está a la salida de un pueblo) adquiere el significado de 'loco', es decir 'el que está fuera de sí mismo', como se ve en el siguiente ejemplo que encuentro en una respuesta que aparece en el *Catastro* (es decir, 'inventario de bienes') que encargó, a mediados del siglo XVIII, el marqués de la Ensenada: «Otro hospital contiguo a su misma iglesia, y de su propia advocación para curar ejidos y acalenturados»; salirse de uno mismo es lo que vienen a significar también *alienado* y *enajenado*. Hay, sin embargo, una forma material de escapar de un lugar que es la de los *forajidos* 'salidos afuera', que procede del italiano, a través del catalán *fora (e)ixit*, y que sirve para designar a los bandidos. El encuentro de don Quijote con el bandolero Roque Guinart viene precedido de la contemplación de una serie de *forajidos* ahorcados, lo que le hace pensar al caballero que están cerca de Barcelona, tan afectada entonces por el bandolerismo.

Las palabras que significan 'desvío' sirven para atribuir a las personas cualidades que vamos a llamar negativas, aunque a veces no lo sean del todo, como es el caso de *despistado*, participio de *despistar* (verbo formado a partir de *pista*), que aparece en el siglo XX referido a ambientes policiales, cuando alguien que es seguido trata de 'desorientar' a su seguidor o, lo que es lo mismo, 'hacerlo salir de la pista'; aplicado el adjetivo a la persona que se despista de sí misma, toma el valor de 'distraído'. A este respecto, existe una serie de palabras que se refieren a la desorientación de la gente, que contienen un prefijo *des-:* unido este a la base verbal, contribuye a expresar el hecho de salir, digámoslo así, de ellas mismas. *Desorientado* procede del latín *oriri* 'salir el sol': quien está desorientado se mueve por la vida de la misma manera que quien no sabe por dónde sale el sol y no puede por ello orientarse; como *desquiciado* 'trastornado' es quien se ha salido del quicio, que es la 'parte de la puerta en que entra un espigón, que le permite girar', de forma que *desquiciarse* era salirse la puerta de esos espigones. *Desencajado*, que significa lo contrario que *encajado*, supone estar fuera de la trabazón que una cosa mantiene con otra, lo cual aplicado a una persona se muestra en la descomposición de su semblante. Basta saber qué es un *hilván* para entender qué significa que una persona hable *deshilvanadamente*. Si *desorbita* un problema o tiene una idea *desorbitada* de él, es como si se hubiera salido este de la órbita, a la manera como lo hubiera hecho un planeta; exactamente lo contrario a cuando decimos que algo ha salido redondo o ha sido un éxito rotundo: donde nos encontramos con esa perfección que todavía Kepler atribuía a lo circular, motivo por el que se creía que se movían los planetas en círculos; claro que, después de haber agotado todas las combinaciones posibles de esas órbitas circulares en las que veía la perfección, terminó demostrando que son elípticas.

En estos casos se percibe bien la metáfora que ha llevado a que determinadas acciones materiales consistentes en salirse de los cauces normales se hayan aplicado a la manera de ser o de comportarse de las personas. Hay veces, sin embargo, que resulta más difícil de entender este proceso, como ocurre con *delirar*, que se aplica a quien desvaría. Se parte para ello de una metáfora que surgió en nuestro Siglo de Oro aplicando a las personas el significado del latín *delirare*, que se utilizaba en referencia a quien se salía del surco cuando araba, pues *lira* en latín es 'surco'.

Huarte de San Juan emplea *delirar* con el valor moderno: «Pero aunque es tal cual parece, jamás le cupo a Galeno en su entendimiento, antes la tuvo siempre por sospechosa, viendo delirar al hombre cuerdo por calentársele el celebro, y volver en su juicio aplicándole medicinas frías». El propio significado del verbo *vagar*, 'estar errante', tomado del latín *vagari*, explica que se pueda *divagar*, es decir, hablar sin centrarse en un asunto concreto saliéndose a cada paso del hilo de la narración, que nos acerca al *deshilvanado* a que me he referido antes, del mismo modo que una persona *extravagante* es la que resulta rara por salirse fuera de los cauces normales del comportamiento.

El verbo *divertir* significaba 'apartar' y 'apartarse', como el latín *divertere*, y ese significado permanece aún en el ámbito de la guerra, en su derivado *diversión*, cuando se dice que «hubo una acción de *diversión* hacia el enemigo»: no se trata de distraerlo como se distraería a un niño, sino de desviar su atención, en la forma en que lo definía la primera edición del diccionario académico, el *Diccionario de autoridades*: «inquietar o atacar al enemigo por diversas partes, para que divida sus tropas, o levante el sitio que está haciendo, o le debilite o enflaquezca». En este sentido se aplicaba a la persona que no podía *divertirse* a otros negocios, es decir, desviar su atención para atenderlos; de ahí se extendió a 'distraerse, no prestar atención', como en este ejemplo de una novela del siglo XVIII, de Ventura Rexón y Lucas, *Aventuras de Juan Luis*: «Mi madre iba tan poseída del sentimiento que ni las razones de mi padre ni los esfuerzos que el vizconde y yo hacíamos lograban divertirla»; esto se dice de una mujer a la que tratan simplemente de hacerle olvidar su tristeza por haber perdido a un hijo, algo muy distinto a pasárselo bien durante el viaje. Dada mi poca preparación musical no me atrevería a afirmar con seguridad que por ahí vaya también el término musical *divertimento.* El último sentido de *divertirse* 'pasarlo bien', hoy el más corriente, supone un paso más en los cambios de significado que ha ido experimentando la palabra.

Este de la *diversión* es un desvío que, en principio, no conlleva una valoración negativa, salvo en una sociedad tradicional en que se vea en el entretenimiento algo opuesto al mundo positivo del trabajo (en paralelo a la oposición que Ortega y Gasset hacía entre el *ocio* y el no ocio, es decir, el *negocio*). En esa sociedad tradicional, no desviarse es la forma más correcta de actuar; por ello, en la novela dieciochesca a que acabo de referirme tenemos *portarse* o *traerse*, que explican cómo del significado de 'llevarse uno a sí mismo', derecho y con contención y sin separarse del recto camino, se llega al de 'comportarse bien': «portándome como debe un forastero»; lo contrario vuelve a ser el desvío: de ahí que una persona pueda *salirse de madre* o *desbordarse en las pasiones*.

Me refería a que en esto de las palabras nos movemos en un universo de esquemas que encauzan los cambios de significado de las voces de una lengua. Eso se refleja incluso en las propias situaciones, fuera ya del marco del lenguaje. A una persona que nos cae mal, le reconocemos, no obstante, un mérito si es que viene de frente, lo cual lo he oído decir pie a tierra como que *cornea de frente,* a diferencia de quien siempre *ataca por el flanco.* Por eso apreciamos que alguien nos *mire de frente,* y no *de lado,* es decir, *con la mirada aviesa.* ¡Y no digamos nada si encima tiene *el colmillo retorcido*! Bien sabe quien ha de enfrentarse con su jefe cómo debe mirarlo, tal y como lo muestra John M. Coetzee en su *Tierras de poniente*: «Para la entrevista he puesto la espalda recta y he adoptado una mirada osada. Puede que Coetzee sepa que normalmente voy encorvado y que tengo la mirada furtiva —no puedo controlar estos ojos—, pero hoy he querido transmitirle la idea de que me estaba creciendo formalmente alrededor de la osadía y de la verdad». Compárese con la mirada dirigida al suelo en el *Quijote* a que me he referido un poco más arriba, como expresión de la tristeza.

No quiere decir lo anterior que un desvío suponga siempre una consideración negativa de las cosas: junto a unos cuantos ejemplos que nos muestran la posibilidad de que esto ocurra así, puede suponer el desvío algo innovador, como ocurre con la lengua literaria, que se ha tomado como un desvío de la coloquial, por forzar hasta el límite sus recursos expresivos; aunque quizá el lector debiera tomar esta afirmación a beneficio de inventario, pues estando ya tan distantes las clases que recibí de Teoría de la Literatura en la universidad, mucho me temo que en este cambiante mundo de hoy a la lengua literaria ya no se la caracterice como desvío.

Moraleja

Dejo aquí este recorrido cuasi liminar —no se asuste el lector de esta palabra, que dejo aquí sembrada para recurrir a ella más adelante— orientado a mostrar que no debiéramos tomar a la lengua como si se tratara de un terreno minado de trampas para que caigan en ellas los hablantes, sino como algo que estos han ido creando aplicándole toda la fuerza de su imaginación, bien pertrechados por su manejo de las metáforas. No hemos de vernos por tanto más coaccionados por las constricciones de los usos heredados que dispuestos a poner todo nuestro empeño en aprovecharlos, y en ampliarlos también. Para ello hemos de recurrir a menudo al diccionario; pero hay más cosas que hacer que consultarlo. Leopoldo Ralón, un personaje de Augusto Monterroso, fue un ingenuo cuando «compró una retórica y una gramática Bello-Cuervo. Ambas lo confundieron más: enseñaban cómo se escribía bien; pero ninguna cómo no se escribía mal», pues mucho me temo que tampoco se aprende con ellas, ni con ninguna, a escribir. Como ocurre con muchos otros ámbitos de la vida, nuestro hablar se desarrolla con la práctica; en este caso hablando, escribiendo y leyendo, leyendo, leyendo. Pero además hemos de estar dispuestos a confundirnos, igual que cuando aprendemos a conducir un vehículo o a ejercitarnos en un deporte. Hay que estar muy prevenido contra quien, en vez de exponer sus razones, trata de imponerse con un «si lo sabré yo» o, lo que es lo mismo, «no sabe usted con quién está hablando».

Dejemos las cosas aquí para enfrentarnos en el capítulo siguiente, sin hacer aspavientos, con el problema que supone la de veces que estamos expuestos a errar.

II
ACIERTO Y ERROR

Hay un adjetivo que se suele tener a mano y al que se recurre a la manera como los héroes del Oeste echaban mano al revólver: se trata de *frívolo*. Se utiliza a menudo para castigar el incumplimiento de las severas normas del sentido común —no hay que decir que estas coinciden con las de quien recurre al adjetivo— y corro el riesgo de que se emplee conmigo cuando voy a decir que me preocupa menos que la gente se equivoque a que se desentienda del placer de tratar de hablar lo mejor posible. Alguna razón tendré, tras muchos años de profesor en que he aprendido que tan malo como tomar a los hablantes como niños mimados que pueden hacer lo que les venga en gana es corregirlos a cada paso por lo mal que hablan. Por experiencia sé que para incitar a servirse de una lengua de una manera adecuada a la situación hay que comenzar porque se tome gusto por hacerlo, y, para lograr esto, mejor que afear a nadie por sus equivocaciones es explicarle las razones de estas, es decir, las razones de las palabras. A sabiendas además de que no hay quien se libre de equivocarse. Y mejor aún si de paso se les hace saber sus posibilidades creativas, como trataba de hacer en el capítulo anterior.

No es esto lo que percibo en el ambiente, pues me parece que la gente está cada vez más cabreada, con esa *corrosión de carácter* a que se refiere Richard Sennet en un libro imprescindible para entender el mundo que estamos construyendo. Aunque no me refiero solo al enfado que la gente tiene con los políticos o con los mercados, que se comprende, sino con lo mal que hablan los demás. Un buen día, aquel chaval al que llamábamos en el colegio *el Empédocles*, que no daba pie con bola, me asalta por la calle y, amparado en la sabiduría que le dan las canas que peina y el aspecto respetable que le ha deparado la vida, me pide cuentas porque en la Academia no hagamos nada por corregir esta deriva que está tomando la lengua, que se ha acercado peligrosamente al precipicio, por el mal uso que hacen de ella sus hablantes. Sé que el Empédocles me lo dice seriamente preocupado por mi bien y por el de todos los españoles. Es de agradecer que me vaya preparando para las quejas que recibiré luego en mi paseo dominical por las calles de Salamanca, con la sensación de ser un lingüista de guardia, incapaz no ya de atajar todos esos males que acechan en cada esquina al español, sino ni siquiera de diagnosticarlos.

Las críticas que suelo oír no se refieren al descuido en la manera que tenemos de expresarnos, sino a los meros errores a los que todos, de arcángeles para abajo, estamos sometidos, sin caer en la cuenta de que el mal está en relación directamente proporcional a cuanto uno se arriesga. ¿Qué ocurriría con los deportistas si al primer tropiezo dejaran de entrenarse? Es lo que les pasa a muchos hablantes cuando las personas de mi laya nos complacemos solo en corregirlos por sus equivocaciones desentendiéndonos de cuando hacen las cosas bien. ¿Van a comprometerse en una tarea para la que se da por sentado que deberían estar preparados desde siempre y consiguientemente perdidos para siempre? Falla además el sentido del humor, tan saludable para no creerse que las obsesiones que uno lleva a sus espaldas emanan directamente de las cosas; y consiguientemente sobra tanto enfado, aunque sea para no dar la razón a Cristóbal Suárez de Figueroa, que a principios del siglo XVII decía: «Hay un proverbio por acá que dice: el alemán pide limosna cantando, el francés llorando y el español regañando».

Si deseamos hablar mejor no deberíamos desalentarnos por caer de vez en cuando en la trampa de una equivocación, ni llegar a la crispación cuando vemos que eso le ocurre a los demás. Es prudente en esto situarse en el centro, distanciándonos igualmente de los laxos como de los puristas, pues, como vio bien Arturo Yepes: «la contienda entre puristas y los demás durará sin duda por siempre jamás. Y es que no puede tener razón plena ninguno de los dos bandos. Extremoso el purismo, muerte del idioma. Y el laxismo perezoso acaba en degeneración de la lengua madre».

Por eso, mientras hay quien se complace en ver si son galgos o podencos —discúlpeseme por la inercia que supone recurrir a esta forma estereotipada—, voy a ponerme a la labor huyendo del crispamiento a que me he referido antes, para no frenar el entusiasmo por la lengua que a buen seguro tiene el curioso lector, sin el cual no se hubiera atrevido a abrir este libro.

Gozosa equivocación

Previamente, para desdramatizar, comenzaré por llamar la atención sobre el hecho de que los errores pueden incluso orientarnos hacia las posibilidades creativas de la lengua. Con el diccionario académico en la mano, en que *diatriba* se define como «Discurso o escrito violento e injurioso contra alguien o algo», sorprende el uso que hace de esta palabra Antonio Muñoz Molina:

> Es falsa la diatriba entre casticismo y cosmopolismo: James Joyce, cosmopolita y políglota, desterrado permanente, fugitivo de su ciudad natal y de su país, del agobio doble y sofocante del provincianismo y el nacionalismo, inventor de

libros que aspiran, con ambición hermosa e insensata, a *ser todo para los hombres.*

La definición académica se adecua, en cambio, al uso que vemos en otro ejemplo del mismo autor, quien considera que un libro es «una diatriba apasionada contra la crueldad inútil y el salvajismo de tantas tradiciones españolas». ¿Podemos criticar con el diccionario en la mano aquel primer empleo de *diatriba* en el sentido de 'dicotomía' o de 'dialéctica' o de 'alternativa'? Desviarse en este caso del diccionario nos ha conducido curiosamente a lo que significó la palabra en el mundo romano: una discusión filosófica en que un autor debate con un interlocutor ficticio, que expresa la opinión vulgar condenada por aquel.

Un tropiezo puede ser tan creativo como para conducirnos en el caso anterior al sentido originario de una voz. Hay una condición para que esto ocurra: tener interés por expresarse de la mejor forma posible; si bien esta se ha de apoyar además en otra, tan importante como la anterior: contar con un apoyo cultural para lograrlo. En el fondo es a lo que llegan los buenos escritores por medio de la ruptura con la realidad tangible, a través de la metáfora. Cuando Ortega y Gasset se refiere al *mar del ser*, apropiándose de una construcción cuasi dantesca, se embarca hacia un mar mucho más profundo de lo que a primera vista parece, que no se reduce a la metáfora de tomar al ser como un mar. Es algo que no sorprende a un lector de la *Divina Commedia*, si se ha servido de una edición crítica de la obra en que se dé cuenta de las diferentes lecturas que pueden presentar los manuscritos para un determinado pasaje. Hay una ocasión en que el editor de la obra ha de elegir entre la lectura *la paura che nel laco del cuor m'era durata* ('el miedo que se me había alojado en el lago del corazón'), que traen unos manuscritos, o la misma frase, pero cambiando en ella *laco* ('lago') por *loco* ('lugar'), que traen otros; pues uno piensa que, a ras de tierra, el miedo, que es a lo que se refiere ese verso, puede asentarse tanto en el lugar como en el lago —está por medio el sentido figurado— del corazón. Son tantas las posibilidades que esconde el lenguaje poético que, muchas veces, lo que parecería un error supone una más refinada manera de referirse a la realidad. Sea de Dante o de un copista la lectura que nos parezca preferible, al llegar a este pasaje levantamos por un momento la vista de él para saborear ese placer especial que procede de toparse con esa sorprendente metáfora que sitúa el miedo en el corazón, visto como un lago. Igual que podría haberse visto como un mar.

Quien me vaya leyendo, si no es capaz de disfrutar con el dúo final de *L'incoronazione di Poppea* de Monteverdi, pensará que todo lo que acabo de decir es una chorrada en comparación con pasarlo bien con un juego que uno pueda *bajarse* de la red. Puestos a hablar de placeres, solo le pido al lector más renuente que esté seguro de que esto a que acabo de referirme no es una pose de unos cuantos seres raros, sino que corresponde a personas que no encuentran una contradicción entre ver marcar un gol a Messi (o a Ronaldo o a Iniesta) y darle vueltas a un verso dantesco o seguir ese dúo citado de Monteverdi, cantado por Philippe Jaroussky y Danielle de Niese.

El placer del filólogo no se deriva del éxito de la interpretación de un pasaje de una obra literaria, pues se arrastra desde que ha ido haciéndose una serie de preguntas sobre una lectura —se trate de la metáfora del poeta o de la equivocación de un copista—. Y ese placer aumenta cuando se complican los caminos interpretativos, como ocurre aquel día en que Pablo Martín Pascual, que anda tras estas cosas, me cita lo siguiente de Leonardo da Vinci, referido a la correspondencia entre el macrocosmos y el microcosmos:

> ... si el hombre tiene en sí el lago de la sangre en donde crece y decrece el pulmón en su respirar, el cuerpo de la tierra posee su mar océana, la que también crece y decrece cada seis horas para que el mundo respire...

¿Y si ese *lago del corazón* no fuera solo una metáfora de Dante o solo una equivocación de uno de sus copistas, sino el contagio, consciente o inconsciente, en cualquiera de los dos casos, de una idea de la medicina del momento, en que el corazón funcionaba dentro del lago de la sangre de los cuerpos? Con todo, este largo recorrido por distintas posibles interpretaciones de un pasaje dantesco ha merecido la pena, como lo merece perseguir la belleza recorriendo un largo camino entre el mar y el monte: allí el placer es el propio camino, no la recompensa de la llegada.

Incerteza

En esta manera de andar por las cosas, que busca más el placer que el éxito —o, mejor, en la que el éxito es el placer—, debiéramos enfocar la norma reservando un espacio para lo dudoso, con tal de que la duda no sea una flagrante tontería. Creo que todos contamos con el modo de expresarse de una serie de personas en cuyas elecciones solemos apoyarnos. Se tratará de nuestros padres o de nuestros amigos o de nuestros maestros o de los escritores, y es posible que se encuentren cerca de nosotros o en la discreta distancia a la que el ordenador nos coloca ante ellos. Sus discrepancias respecto a una elección nuestra pueden llevarnos a disentir y asegurarnos en nuestro proceder o a que nos adhiramos a lo que ellos piensan. Es de ese modo, más que partiendo de la lógica de los hechos, como nos hacemos una idea sobre lo que podemos y no podemos decir. Consecuencia evidente de la convivencia, no de la naturaleza y mucho menos de la ética.

Así, un colega se levanta un día de malas. Leyendo *El cementerio de Praga*, de Umberto Eco, que precisamente acabo de regalarle (¿no sería lo que voy a contar —pienso ahora— una forma de criticarme por mi elección?), se encuentra con varias palabras que le ofenden. Me lo explica mientras tomamos un café. La culpa, me dice, la tiene la traductora, que llega a inventar *meterete*: «Drumont echaba venablos contra ese meterete que quería volver a poner en cuestión un asunto felizmente resuelto». Está claro que ha de significar 'metomentodo', que se corresponde con la palabra italiana que aparece en el original: *impiccione*, que viene de *impiacciarsi* 'inmiscuirse'; un poco antes había aparecido, referido a este personaje: «Este Picquart se reveló en seguida un metomentodo», que es también una traducción adecuada del *ficcanaso* del original, que se aplica al indiscreto y entrometido. Otra persona que se acababa de refugiar en nuestra mesa y nos acompaña en el café, para cumplir esa especie de universal lingüístico que consiste en que los hablantes no suelen resignarse a no encontrar una razón de las cosas referentes a la lengua, decide ahora salvar la fama a la traductora explicando la palabra como una errata por *mequetrefe*.

El caso es que ninguno de los dos tiene razón, pues esta voz se emplea con el significado de 'meticón' en la Argentina y en el Uruguay; algún vocabulario dialectal la señala en Navarra y recuerdo haber leído de niño un libro infantil de antes de la guerra, que se titulaba *Las tribulaciones de Meterete*, sobre las aventuras de una especie de elfo que metía el cuezo en todas partes. Pero cuando, días después, le cuento todo esto a mi amigo, no le basta para ceder en las razones por las que esa voz le parece despreciable, que no son otras que el mero hecho de no conocerla. Son las mismas por las que aprovecha ahora para criticar también otra palabra que aparece en ese mismo libro: *yídico,* en referencia a la lengua de los judíos alemanes, que para él solo puede designarse como *yidish,* es decir, la adaptación de la forma alemana *jüdish* 'judío' con que se designaba el uso de esa lengua que hacían los judíos askenazis. Aunque *yídico* sea también una buena traducción al español del italiano *yiddish,* que se emplea además en muchos lugares, no me merece la pena explicárselo, porque lo que él pretende no es conocer mejor las cosas, sino tener razón por encima de todo.

En estas situaciones en que se discuten cosas sobre la lengua, tantos hablantes como he conocido tan seguros de que sus razones son la razón misma me recuerdan a un personaje de la novela citada de Vikram Chandra, que presentaba así a su madre: «No se podía discutir con ella. Tenía costumbres muy arraigadas, y al final haría afirmaciones pensadas, simples, que trataría como incuestionables, y se aferraría a ellas como si fuesen anclas». Seguro que este proceder le recuerda al lector el de alguna persona que conoce bien, cuando se trata de opinar sobre asuntos del lenguaje. Lo terrible sería que le recordara a sí mismo o que, terminada la lectura de este libro, le hiciera pensar en mí.

Hay personas que creen que existe un derecho natural —que confunden con sus propias convicciones—. Se suele pensar también que existe una manera natural de hablar, que coincide con la que recordamos de esa especie de paraíso perdido que habíamos conocido en la infancia o en la adolescencia, a partir del cual fuimos construyendo nuestra personalidad. Esto explica no solo la distinta manera que cada uno tiene de ver las cosas, sino incluso la incapacidad de cambiar de opinión, aunque se trate de asuntos tan poco importantes como quitar la tilde al adverbio *solo,* que llegamos a creer que afectan al alma de la lengua. Voy a dar algunos rodeos para mostrarlo, empezando por una palabra que ha dado mucho que hablar y consiguientemente que oír: *escuchar* con el significado de 'oír'.

Oír ~ escuchar

Contraviniendo lo que dice el diccionario académico, hay personas que emplean *escuchar* por *oír,* con lo que pierden la posibilidad de distinguir —en palabras de Eduardo Haro Tecglen— esas «cosas distintas que son oír y escuchar», distinción por cuyo mantenimiento lucharon denodadamente maestros y amigos míos, como Fernando Lázaro o Valentín García Yebra, y ahora Javier Marías. Coincido con ellos en practicar esa distinción, que, con buen criterio, mis padres se empeñaron en que la mantuviera.

La confusión entre estos verbos es un buen pretexto para dar rienda suelta a la insatisfacción que tantas veces nos acompaña en nuestro deambular por el mundo tomando toda clase de medidas contra quienes discrepen del diccionario, como las que piensa aplicar al género humano el lector de un diario madrileño:

> Se lo aseguro, se lo digo de verdad. Cuando alguien me diga «que no te escucho», mi reacción será muy clara: le diré que es un maleducado, porque, si le estoy hablando y no me escucha, no se merece otro calificativo. Precisamente en unos tiempos en que nadie «escucha» realmente, todo el mundo «escucha». Estoy seguro de que pronto oiremos en la radio que las personas del otro lado del éter son los «radioescuchas», con lo cual habremos convertido a los «radioyentes» en «radioaficionados».
>
> ¿Será posible que nuestros ínclitos periodistas, reporteros, locutores, presentadores, «conductores» de programas, *speakers* varios de todos los ámbitos, redactores, escritores, empresarios, políticos, sindicalistas, no sean capaces de distinguir la elemental diferencia que existe entre *oír* y *escuchar*?
>
> ¿Cómo se las apañarán en inglés para diferenciar *to hear* y *to listen*, en francés entre *entendre* y *écouter*, en alemán entre *hören* y *zuhören*? Y así hasta el infinito. Si en esas lenguas cometen el mismo error que en la propia, puedo imaginarme la cara de asombro que pondrá su interlocutor. Aquí ya no la ponemos: el disparate lingüístico se ha convertido en norma consuetudinaria.

> Bueno, que hablen como quieran, pero yo ya tengo tomada mi decisión: si ellos no me escuchan, porque no pueden oír, yo no pienso oír lo que ellos pretenden hacerme escuchar.

¡Haciendo amigos! Fijémonos, sin embargo, en que a unas cuantas personas que no pueden considerarse desatentas con la lengua no les han entrenado en su infancia para que no confundieran *oír* y *escuchar*. Empezaré poniendo a Mario Benedetti como ejemplo de alguien que confunde ambos verbos, pues suyos son ejemplos como: «pasaba largas horas en la cama sin leer ni escuchar la radio»; en esto lo acompañan varios escritores latinoamericanos —yo sé que esto de *latinoamericanos* no va a gustar a muchos de los lectores—, como el premio nobel Mario Vargas Llosa: «lo escuchó decir que no podía soportar más lo que ocurría», o el premio cervantes José Emilio Pacheco: «le escuché decir a mi tío Juan», o Ricardo Piglia: «lanzó una especie de grito, se soltó y lo escuchamos correr hacia la calle», o Paco Ignacio Taibo II: «Mónica se dejaba escuchar sobre el suave sonido del tocadiscos», o Abilio Estévez, novelista de origen cubano: «A un excelente novelista le escuché decir en una ocasión...». Ese *escuchar* se lo oí emplear al expresidente mexicano Fox con ocasión de la reunión de las Academias de la Lengua Española en Valladolid, donde se refirió a «un trabajo que ha escuchado las voces de todas las Academias», el mismo lugar en que oí decir a Humberto López Morales, secretario general de esas Academias, lo siguiente: «Hace años era normal escuchar que había que cerrar las fronteras del castellano». Es común en traducciones al español hechas en Hispanoamérica —el término no le gustará ahora a otros lectores—, como es el caso de alguna obra de Deborah Tannen: «los demás tal vez no quisieran decir lo que les escuchamos». Y hasta en una humilde etiqueta, como la del agua mineral Porvenir, de Chile, se puede encontrar el uso: «A comienzos del siglo, numerosas familias europeas de Valparaíso escuchan de un lugar en donde existe una fuente». Lo cual no significa que no encontremos en los propios escritores americanos casos en que no se neutralizan los dos verbos; doy fe de ello con los siguientes ejemplos contradictorios de Juan Carlos Onetti: «Una música nunca oída ni aún escrita», frente a «—Ah. Te gusta escuchar mentiras. Las mentiras son la única riqueza que tengo. Ya escucharás. Mi nombre es Mirtha...».

Es una confusión que aparece también en escritores españoles: Miguel Delibes: «escribo siguiendo a aquellos que he escuchado»; Juan Marsé: «... y se paró a escuchar el rumor del viento en las palmeras»; Arturo Pérez Reverte: «el anuncio publicitario que hace unos días escuché en la radio»; Rosa Montero: «le escuché decir a un tipo en el aeropuerto "¡Es increíble la gente inválida que hay en este país"»; Juan Cruz: «pero últimamente escuché confundirlo, de espaldas, precisamente con Manuel Vicent», «mientras me afeitaba he escuchado algunos pasodobles»; Manuel Vicent: «los que escuchamos las noticias sabemos que ese es un símbolo más»; Juan José Millás: «si alguno de ustedes alquila una casa rural y escuchan el croar de una rana, mientras desayunan...», «—¿Sigues ahí? —escucho al otro lado del teléfono»; Benjamín Prado: «Cuando escuchamos las noticias sobre un tren descarrillado, a menudo nos ponemos en el lugar de los heridos». Me he topado con la confusión en boca —o mejor, en la pluma— de diplomáticos como Máximo Cajal: «Por lo que se ve y se escucha, cabe temer lo peor»; de traductores como Isabel Merino: «Por lo general no suelo escuchar las emisiones del partido; antes escucharía mis propias ventosidades»; de profesores como Santos Juliá: «Decenas, cientos de veces hemos escuchado que el gobierno...», o Rafael Argullol: «Hace años, en Lima, le escuché decir a Alberto Fujimori por televisión, que él no había tenido ningún maestro», o Paloma Díaz Mas: «las epístolas que tantas veces escuché leer en misa desde niña», o Antonio Elorza: «tampoco tiene sentido seguir escuchando la cantinela de que el Islam es siempre tolerante». No podía faltar en el estol de los políticos —no vea, por favor, el lector en la palabra *estol* una trampa—, como José María Aznar: «He escuchado que el PP va a actuar en consecuencia y deseo que sea así». Incluso cuento los testimonios directos oídos dentro de los muros de la Real Academia Española: un académico dijo, sin que nadie le reconviniera por ello, en el pleno del 8 de marzo de 2012, en torno a las 17:30 h: «He escuchado en la lectura del acta que...»; otro en la Junta de Gobierno del 4 de octubre, a las 16:55 h: «Como han escuchado ustedes»; y otro, en el pleno del 18 de octubre (olvidé tomar nota de la hora): «Yo he escuchado a don...». Discúlpeseme por la parquedad de los contextos, pero no quería desvelar con mis ejemplos ningún secreto importante referente a nuestras deliberaciones.

La confusión cuenta, por otra parte, con venerables autoridades del pasado, como la de Calderón, en un auto sacramental titulado *Año santo,* en que el Albedrío dice:

> Otros dos en vuestro traje
> son los que escucho cantar.

Luego Luzbel le acompaña en este mismo uso:

> Luzbel ¡Oh, cegárase mi vista...
> Lascivia ¡Oh, ensordeciera mi oído...
> Luzbel ... antes que hubiera escuchado
> Lascivia ... primero que hubiera visto
> Lascivia ... la alabanza de sus himnos

Aunque Luzbel, que debía tener algún ribete de purista, recurre en otras ocasiones a la posibilidad correcta: «... oigo aquellas alabanzas» o «las consonancias he oído».

Los demás personajes se adhieren sin escrúpulos a la confusión, como ocurre con la Lascivia, que se dirige así a Luzbel:

¿Quién duda, ¡ay de mí!, quién duda
que habrás en este distrito
lo que yo escuché, escuchado,
y lo que yo he visto, visto?

Más adelante, el Hombre pregunta al Amor: «¿Delito es amar lo hermoso?», a lo que este responde con un lacónico «sí». La réplica del Hombre resulta a mi modo de ver razonable:

De escucharlo me admiro,
al que dice que es Amor.

Yendo a otro texto de Calderón, *Casa con dos puertas*, encontramos en él a Lisardo diciendo:

Y si en tanto que este gusto
llega queréis que yo trate
de divertiros, pues fue
concierto que os escuchase
un cuidado, y que os dijese
el mío, oídme, escuchadme.

Nos topamos incluso con *escuchar*, como sinónimo de *oír*, en una conocidísima canción patriótica con cuyo ruido estoy seguro de que castigaron los oídos infantiles de alguno de mis lectores:

Oigo Patria tu aflicción
y escucho el triste concierto,
que forman, tocando a muerto,
las campanas y el cañón.

Ejemplos como estos, tomados de gente que no se maneja mal con nuestra lengua, me animan a no militar contra estas confusiones; aunque no por ello he de dejar de mantener la distinción entre *oír* y *escuchar,* «sin esperanza, con convencimiento», como reza el verso de Ángel González. Es todo lo que me cumple hacer ante una distinción que perece, pues el viento no va a favor de los distinguidores. De todas formas, no deberíamos asustarnos si el puerto a que llegamos no es el que estábamos buscando y si terminamos viendo que la distinción de estos verbos acaba reduciéndose a combinaciones estereotipadas. En ellas, si nos empeñáramos en no apearnos de la lógica, parecería que prestamos más atención *escuchando detrás de una puerta* que la que habríamos de poner *oyendo misa.*

No solo no tenemos que asustarnos, sino que nos hemos de preparar para cambios mayores que se nos pueden venir encima, en palabras que se diferencian en un mero rasgo significativo: hacer algo 'con atención' *(escuchar, mirar, conocer)* o hacerlo 'sin ella' *(oír, ver, saber).* Son cambios que se dan en el uso del sustantivo *escucha* por *audición*, como ocurre con la traducción siguiente de Lawrence Bloch, *Hit man*: «Tenían mayor capacidad de escucha que los seres humanos», a diferencia de la distinción que hacemos estando no *a la oída,* sino *a la escucha* o *la oreja en escucha*, como escribe Juan Carlos Onetti, o cuando sabemos algo *de oídas*, para lo que recurriré a un ejemplo también de Onetti: «me fui enterando de oídas de lo que pasaba». Se puede ampliar el uso metafórico con un salto como el que da Carlos Ruiz Zafón al aplicar *auscultar* no ya a 'oír', sino a 'mirar', en el siguiente ejemplo: «ausculté con la mirada el interior».

Nos acecha un cambio paralelo de *mirar* por *ver* que quizá esté ocurriendo ya en América, si nos fiamos de los dos ejemplos siguientes; de César Aira, el primero: «En unas terrazas, no muy lejos, encontraron un zorro. Apenas les dio tiempo para verlo, en la penumbra de la hora. Lo miraron correr por las plataformas heladas, voluble»; de Ricardo Piglia, el segundo: «mirando llover por los vidrios». Incluso aparecen casos en que se neutraliza la diferencia entre *saber* y *conocer*, como leemos en una revista mundana española:

«Primeras imágenes de [...] desde que se conoció que iban a tener su primer hijo».

Si la lengua la usáramos siempre con todo cuidado y pudiéramos frenarla en su evolución, no deberían acaecer estas cosas; pero, aparte de que la evolución es algo connatural con los idiomas y perfectamente explicable, lo normal es que hablemos familiarmente, en zapatillas, con más rapidez que reflexión. Claro que hay después momentos en que uno puede dar marcha atrás en una confusión. Por ello los riesgos que corremos a diario no debieran animarnos al silencio ni tampoco originar que nos llevemos las manos a la cabeza a cada paso. Nada resolveremos así, si cunde el desánimo y olvidamos lo más importante: esmerarnos en el uso de la lengua, tratando de ser creativos al emplearla, no complacernos en quedar anonadados por nuestras inseguridades.

De la pérdida de rasgos negativos en el contenido de las palabras

Hasta aquí he tratado de mostrar, tras un excurso por el placer que el filólogo puede encontrar incluso en el error, algunas confusiones en el léxico. Consisten estas en la pérdida de distinciones entre ciertas palabras, basadas, por decirlo rápidamente y de una forma un tanto imprecisa, en el olvido de un rasgo de los que componen el significado. Son equivocaciones que no ocurren porque sí, sino que se deben a la manera como discurren las palabras por el cauce de la historia. Para frenar esos cambios se debería atender un poco más a la enseñanza de estas cosas del léxico mostrando cómo llevan las aguas los troncos por el río, en lugar de complacernos en ver el tronco que ha chocado con otro en su descenso.

Cuando avancemos un poco más nos daremos de bruces con *detentar*, uno de esos troncos; pero, para cuando colisionemos con él, sabremos que el suyo no es un caso aislado, sino que flota junto a un nutrido grupo de verbos —muchos de los cuales, aunque tengan acomodo en el diccionario académico, no son propios del registro coloquial— cuyo significado está marcado por algún rasgo negativo o positivo, que puede desaparecer en el uso que hacen de ellos los hablantes. Es normal por el carácter un tanto impreciso del significado, debido a que cada uno suele hacerse su propia idea de las palabras reinterpretándolas a su modo, pues, como decía Jung: «significan algo ligeramente distinto para cada persona». Por eso en las páginas que siguen voy a referirme a una serie de voces que, teniendo un sentido que podríamos considerar negativo, pueden los hablantes llegar a perderlo y hacer que adquieran otro neutro. Mi pretensión es mostrar que incluso las equivocaciones guardan una cierta coherencia que hace que, en lugar de tomar los errores como tropiezos aislados de los hablantes, hayamos de verlos como algo que requiere de una explicación conjunta y consiguientemente necesita de una corrección conjunta también.

El contexto es decisivo para que podamos darle la vuelta a algunos significados despojándolos de su sentido negativo, como hace Sara Baras cuando cuenta, como si estuviera criticándolo, que Paco de Lucía ha logrado que mejore la imagen de los flamencos, diciendo: «Yo le echo la culpa de todo...», para verse obligada a matizar inmediatamente: «por lo bueno»; matización que va por otros derroteros cuando Jaime Salinas dice que Günter Grass «seguirá molestándonos a todos en el mejor sentido de la palabra». Por esa misma cuerda floja hubo de andar igualmente el comisario Montalbano —ahora el ejemplo lo tomo de una novela policíaca de Camilleri—, quien, para quitarse el mérito de haber detenido a un gánster, le dice a su superior: «¿No podríamos echar la culpa a Fazio?»; lo que lleva a su jefe a preguntarle: «¿Cómo la culpa?», y al comisario a corregir así sus palabras: «Perdone, me he equivocado, quería decir el mérito». La aparente equivocación puede corregirse también por medio de un *gracias a*, como en lo siguiente que encuentro en la prensa: «las cosas se acaban de poner aún más emocionantes, y todo por culpa de —o gracias a, según como se desarrollen los acontecimientos en las próximas semanas— una partícula elemental, el bosón de Higgs»; y si se trata de *sufrir,* enervando su significado negativo —en el sentido antiguo de 'debilitar' que tiene *enervar*— al contaminarlo del de *gozar:* «La forma de vestir de las mujeres ha sufrido (¿gozado?) de tantos cambios que es un placer hacer un recorrido por ellos». Son recursos de la ironía, como Fernando Lázaro explicó por medio de un ejemplo que socarronamente hace como que no entiende: «Supongo que será el aderezo de la ironía —me falta el contexto para saberlo— el que ha llevado a emplear *culpable* con sentido opuesto al que tiene la voz, en un caso como el siguiente: el portero Casillas "ha sido uno de los culpables de que estemos en los cuartos", cuando parece ser que ese portero es el que ha logrado que, partiendo de una situación desesperanzada, se haya llegado a entrever una cierta luz».

Hay combinaciones imposibles, como supone decir que algo *sufre mejoras* o que alguien *consigue derrotas,* que criticaba con razón Lázaro, en que se combina el valor positivo del verbo con el negativo del sustantivo que predica. Pero existen casos en que la circunstancia negativa que está implicada en el significado de una palabra llega a desaparecer con el tiempo, como ha ocurrido con el adjetivo *versátil* —el inglés ha tenido que ver con ello— para referirse a una persona polifacética o un aparato que permite varias posibilidades de uso, cuando lo que dictaba la norma académica era su aplicación a las personas que son 'de genio o carácter voluble o inconstante'. Hoy nadie criticaría ejemplos como: «hasta dónde puede llegar en capacidad y versatilidad un ordenador es algo que intentaremos descubrir», o «Como narrador era de una versatilidad desconcertante». Es lo que ha ocurrido también en el caso de la segunda acepción de *arrogarse*, que en la edición del diccionario académico de 1914 se definía como «atribuirse facultades indebidamente», que se quedó en la edición de 1925 en «atribuirse, apropiarse», abandonando la circunstancia negativa.

Veamos algunos casos en que el significado del verbo o derivado verbal está condicionado por una circunstancia negativa que rodea a ese significado:

VERBO O DERIVADO	NÚCLEO DE LA DEFINICIÓN	CIRCUNSTANCIA
interfecto	persona que ha muerto	con violencia
suplantar	ocupar el lugar de otro	con malas artes
mesar	agarrarse los cabellos	con violencia (hasta arrancarlos)
inmiscuirse	tomar parte en un asunto	sin autoridad para hacerlo
ufanarse	alegrarse ante los demás por algo	con presunción

En palabras como estas, los hablantes pueden llegar a pensar que la circunstancia no es inherente al significado de la palabra, como en los ejemplos siguientes, criticados por los gramáticos: «Don José murió de infarto. El cuerpo del interfecto fue incinerado» (aunque el diccionario de Manuel Seco da como coloquial este uso, que documenta en Cela); el nuevo presidente de una importante institución argentina dijo que «tenía a mucha honra suplantar en esa dirección a personalidad tan descollante como la de su antecesor», significado desarrollado en la Argentina para esta voz, que en España solo se puede tomar como un chiste; «Ya tuvo que ocurrir algo grave en la catedral de Barcelona entre Cristina e Iñaki para que la infanta se mesara su melena. Al menos eso es lo que dice que hacía la infanta al pie de la fotografía publicada el pasado 17 de junio en la sección Gente», equivocación que explica que haya quien piense que se pueda realizar esta acción tan suavemente como se hace en la novela citada de Vikram Chandra: «papa-ji se mesó con suavidad la barba»;

«Me han inmiscuido —es decir, *involucrado*— en ese feo asunto» (el diccionario de Seco da este uso como «raro», sin criticarlo); «Interior se ufana de que el porcentaje de aumento de la inmigración es inferior al de 2000».

El sentido negativo de un verbo se deduce muchas veces de las palabras con que se combina, lo que origina que la perdida de este se induzca de la elección de una palabra de sentido positivo o neutro. Partamos del siguiente cuadro:

PALABRA	DEFINICIÓN	SE PUEDE COMBINAR CON	NO SE PUEDE COMBINAR CON
acarrear	ocasionar	daño	felicidad
contraer	adquirir	enfermedad	méritos
incurrir	caer en	error	mal comportamiento
tachar	calificar de	secta	honesto
tildar	calificar de	engañoso	simpático
propinar	dar	paliza	aplausos
perpetrar	hacer (cometer)	crimen	negocio
plagado	lleno de	heridas	triunfos
salpicar	mojar	con un escándalo	con un premio

A partir de él se explica que se hayan criticado por los gramáticos ejemplos como los siguientes: «los méritos contraídos este año por el Barcelona para ser campeón» (si bien el diccionario de María Moliner incluye la posibilidad de combinarlo con «enfermedad, deuda, compromiso, relación y mérito», que ha restringido en alguna edición posterior a «enfermedades, compromisos, obligaciones o deudas»); «unas declaraciones suyas relativas a un comportamiento en que incurriera durante la guerra» (aunque es posible sobreentender que *comportamiento* supone un mal comportamiento, lo cual es extensible a un comportamiento poco cívico, etc.); «el ministro tachó —por *calificó*— de honestos a los representantes sindicales», «el PP tachó la intervención del Monarca de "absolutamente excepcional y memorable"»; «lo tildaron —por *calificaron*— de simpático»; «Propinar aplausos, recibimientos, etc.».

Creo haber oído contar hace mucho tiempo que la locutora Encarna Sánchez había dicho en una ocasión que «se había perpetrado un accidente»; y me parece que se ha escrito en serio y sin ironía lo siguiente: «contó con el apoyo de influyentes hombres públicos para perpetrar sus negocios»; otra locutora se refiere a que «La carrera de Steffi Graf está plagada de triunfos»; la riqueza de los restos que contiene una cueva prehistórica se explica así en un periódico: «El suelo de esta zona está plagado de lo que los arqueólogos llaman "restos industriales"», y en otro se alude a que las «carreras de dos directores de periódicos están salpicadas por sendos premios Pulitzer».

Estos casos son plausibles cuando los situamos en un registro humorístico, como en el empleo que hace Mario Vargas Llosa del verbo *perpetrar:* «no es de extrañar que Tomás Eloy Martínez sea capaz de perpetrar una novela maestra».

Ocurre también lo contrario: que las palabras se combinen solo con otras de valor positivo.

PALABRA	DEFINICIÓN	SE PUEDE COMBINAR CON	NO SE PUEDE COMBINAR CON
atesorar	reunir	cualidades	desgracias
en detrimento de	con la destrucción o pérdida de	la salud	la conflictividad
celebrar	conmemorar	la victoria	la muerte

Los hablantes llegan a olvidar esta constricción que origina el contexto en casos como: «El cúmulo de desgracias que atesora este año el Barcelona»; «En detrimento de la conflictividad», que Fernando Lázaro comenta así: «el detrimento supone 'perjuicio', pero ¿se puede causar perjuicio a algo tan indeseable como es la conflictividad?»; «Hoy se celebra el trigésimo aniversario de la muerte de Kennedy»; «Y las familias no habían decidido aún si iban a "celebrar una capilla ardiente conjunta"». La crítica que se hace a este último ejemplo, tanto por Gómez Torrego como por Fernando Lázaro, es porque *se celebran* hechos positivos, a diferencia de *conmemorar,* que por su significado de «hacer memoria o conmemoración» permite que conmemoremos el aniversario de la muerte de Kennedy. Aunque a mí se me hace cuesta arriba acudir a *conmemorar* en casos como «Granada conmemora con un acto la quema de libros musulmanes en 1499», que se acerca mucho a *celebrar.* Con *celebrar,* por su parte, si atendemos a las definiciones que le da el diccionario de Seco («llevar a cabo uno o varios actos públicos para dar realce a una fecha determinada» y «llevar a cabo algún acto o ceremonia colectivos como recuerdo de un acontecimiento»), no resultaría incorrecto el ejemplo anterior de la celebración del aniversario de la muerte de Kennedy. De todas formas, las distintas perspectivas con que podemos enfocar una acción hacen que no siempre resulte sencillo saber cuándo esta se considera positiva y cuándo no: de hecho nada impide, basándonos en la remisión que en el diccionario académico se hace en *celebrar misa* a *decir misa*, que extendamos esa celebración a las exequias, tal y como, por otro lado, ocurre en francés, donde se puede decir que «les obsèques ont été célébrées samedi» ('las exequias se celebraron el sábado'), o a un funeral (que también se admite en la acepción quinta del diccionario de Seco, *s. v. celebrar*). Aunque lo que importa en todos estos casos es el uso, no la contradicción entre lo deseable y lo posible o, si se prefiere, entre la lógica y la perversa realidad que nos envuelve. ¿Cómo no vamos a tropezarnos en estas cosas, si los propios filólogos son capaces de publicar en la Universidad de Salamanca unos *Studia in honorem* de dos maestros fallecidos, cuando lo oportuno hubiera sido hacerlo *in memoriam*?

Como acabamos de ver, el significado de las palabras influye en la posibilidad de combinarse o no con otras; de hecho, solemos situar en el núcleo del significado una información que el verbo encomienda a las voces con que se combina, de ahí que si en *adolecer* pensamos equivocadamente que el propio verbo es el que contiene el significado negativo, Mario Vargas Llosa pueda escribir: «su tacto, del que adolece por completo», o Juan Benet: «un mínimo pudor del que adolece hasta el chico de la calle», o Félix de Azúa: «persona que adolece de un profundo sentimiento nacional», o Jon Juaristi: «Su principal aliado también adolecía de credibilidad», o Ignacio Ramonet: «La información, en la era de Internet, adolece de una búsqueda de sensacionalismo a cualquier precio», o incluso un filólogo como Yakov Malkiel: «Lástima que el trabajo adolezca de un concepto de elegancia en materia etimológica seductor, pero falso», y hasta un obispo, Rafael Sanus: «el colegio episcopal adolece de un valor fundamental, como la unidad».

Claro está que un escritor puede ponerse en el filo de la navaja y jugar con nosotros con el sentido negativo de unas palabras, como hace Manuel Rodríguez Rivero en el ejemplo siguiente: «las decisiones políticas suelen adolecer de un peculiar toque expresionista y estrafalario que, de tan reiterado, no deja de provocar cierta irritada ternura, si se me permite el oxímoron», donde hemos de convenir en que un *toque expresionista y estrafalario* puede ser visto como negativo, igual que podría no verse así; o se puede ir más lejos aún, como hace Xavier Rubert de Ventós con *unificación:* «De una España que aún adolece y cojea de aquella unificación de los Reyes Católicos, no asentada sobre las bases de la sociedad civil, sino sobre las cenizas de sus burgos, comerciantes y comuneros», pues la valoración que da el escritor a las palabras puede no coincidir, a propósito, con la que mantienen sobre ellas otros hablantes, como creo que ocurre en este caso con *unificación*. No teniendo en principio esta palabra un sentido negativo, quien piensa que España soporta la unificación, en lugar de disfrutarla, puede darle ese sentido; el problema es si los demás entienden estas sutilezas, de saber jugar con la lengua, que es lo que permiten las disensiones de su variedad literaria.

Veamos, ya muy avanzado este capítulo, cómo la valoración negativa puede afectar a determinados grupos de palabras que tienen algún rasgo en común, como ocurre con algunos colectivos.

De las buenas intenciones

Está bien que tratemos de actuar con la lengua para que se adapte lo más posible a nuestras necesidades y aun a nuestros deseos; aunque no debiéramos caer en la ingenuidad de pretender amoldarla a nuestra forma de ver el mundo, por razonable que nos parezca. Conviene ser precavidos cuando nos entran ganas de ser conciliadores y queremos limar las esquinas de la lengua para hacer felices a los demás y salvar, de paso, al mundo. Explicaba José Antonio Marina los problemas que existen para promover cambios en las palabras, a causa de la dificultad de lograr que estos se difundan:

> Nadie puede, por ejemplo, introducir una palabra en el lenguaje. A lo sumo puede inventar un término y proponer su uso, pero que se generalice depende de los demás. Hace años intenté que se aceptara la palabra «estoicón» para designar a los miembros de una pareja más estable que un ligue pero más provisional que un matrimonio. Me había basado en la expresión «Desde hace dos años, estoy con Fulanita o con Menganito». El verbo «estar» siempre indica una situación más efímera que el verbo «ser». Mi propuesta no triunfó y por ello no puedo alardear de haber inventado una palabra española, sino solo un vocablo privado, de uso personal.

La imposición legal de los cambios no suele favorecerlos, salvo que se trate de la designación de realidades que ha de definir o crear la Administración: distinguimos así una autovía de una autopista o un profesor titular de un catedrático o un departamento de una facultad o un ministro de un secretario de Estado, tal y como se ha impuesto desde arriba, y lo acatamos sin rechistar. He de reconocer, sin embargo, que cuando algunos despachos de la Administración legislan sobre el propio lenguaje es más difícil alcanzar un consenso entre los hablantes: yo, al menos, que no he sido capaz de considerarme *enseñante,* tampoco he podido sentirme parte del *funcionariado* de mi universidad ni atender al *alumnado,* a pesar de haber hecho esfuerzos considerables para lograrlo; con lo que me he demostrado una vez más a mí mismo algo por otra parte obvio, que no puedo ponerme a la altura de los obispos de Estados Unidos que han sabido actualizar los textos litúrgicos empleando «en vez de la expresión *trabajo de hombres, trabajo humano,* para no discriminar a las mujeres». Aunque diré en mi descargo que quizá esté demasiado condicionado por el hecho de que esos que se conocen como genéricos reales, como el *personal* o la *ciudadanía,* y no digamos nada del *gentío,* se toman muchas veces a cachondeo.

Este cachondeo es aún mayor entre los americanos, como lo vemos en Juan Carlos Onetti, en cuyo libro *Cuando ya no importe* aparecen distintos grupos sociales, vistos todos ellos negativamente, por medio de algunos colectivos: los trabajadores mestizos («para vigilar el trabajo del mestizaje»), los trabajadores indios («La indiada ahora no quiere más el pago con billetes de banco cada día», «El indiaje pasaba de uno en uno, cobraba y firmaba»), los trabajadores negros («El turco Abu siempre pagaba a la negrada brasilera sin más robo que el de la plusvalía. Los negros recogían allá la mercadería deseada»), los peones indios o negros («Ustedes los técnicos y la peonada india», «trabajo del peonaje negruzco»); y por si la *chusma* por sí sola no fuera algo visto con malos ojos, se refuerza esta sensación con el *chusmerío* («el sucio chusmerío chamameguiano»).

La degradación del significado de que se tiñen los colectivos se da también para los grupos pertenecientes a un único género, como ocurre cuando Onetti escribe en uno de los pasajes más relevantes de la novela: «La ley cuidaba que el mujerío no se impusiera en las mesas ocupadas por hombres», donde *la ley* suplanta en su generalidad a un policía corrupto y el *mujerío* a las mujeres a las que antes se llamaba *de mala reputación,* mientras que los hombres siguen siendo los hombres mismos. Y la degradación de las mujeres vuelve a lograrse con el mismo recurso en «una cara ajena a las del mujerío de Chamamé», aunque se puede hacer referencia a ellas por medio del *hembraje:* «Nada tenía que ver con el hembraje de Chamamé», dicho de una posible prostituta. Se colocan así todos estos grupos sociales al mismo nivel que los puñeteros mosquitos: «Sucio por el tiempo y el mosquerío el cartel no siempre respetado, que prohíbe "el porte y uso de armas"».

Tenemos en España, pero sobre todo en América, la contaminación en muchos de los colectivos de un sentido negativo, a partir de aquellos nombres en que el matiz despectivo estaba ya presente en la base de derivación: *aldeanería*, *beatería*, *brujería*, *chiquillería, chulería, comiquería, comparsería, cristianería, cursilería, enfermería, frailería, gendarmería, gitanería, golfería, granujería, majería, muchachería, negrería, paletería, pillería, pobrería, pobretería, truhanería*; *cuartelada, fanaticada, gallegada, garullada, gentarada, gringada, hinchada, indiada, judiada, mamarrachada, muchachada, negrada, peonada, sindicada, truhanada; criollaje, gauchaje, gringaje, inquilinaje, malevaje, marinaje, negraje, padrinaje, paisanaje, peladaje, peonaje, reaje* (de *reo*), *soplonaje, villanaje.*

Ciertamente, no todos los sufijos empleados para formar colectivos son igualmente propensos a contaminarse de un sentido negativo: no lo han sido de momento *vecindario, empresariado* o *electorado;* pero excederse en el empleo de este procedimiento, sin pensárselo dos veces, es buscar el mejor camino para que se propague el virus a todos, ya que al disolverse los individuos en la generalización a que conduce el colectivo resulta muy fácil que se introduzcan en el individuo los rasgos negativos que estereotípicamente puedan caracterizar al grupo. Es una manera de perjudicar las hermosas intenciones de quienes detrás de una mesa de un despacho se lanzan a todo correr y por decreto a proponer una receta para promover una visibilidad compartida de hombres y mujeres.

La tensión entre lo urbano y lo rural

Acabo de referirme a que en algunos lugares en que se habla español, más que en otros, los colectivos pueden estar contaminados por un sentido negativo. Hay casos en que la consideración negativa que ha adquirido un uso no se sitúa en un espacio determinado, sino que se relega sin más al ámbito no urbano. Hay así en *La familia de Pascual Duarte* de Camilo José Cela usos que posiblemente sorprendan al lector; si este es joven y urbanícola, rechazará algunas formas como negativas, precisamente porque le parecerán propias del campo. Es algo que ha sabido utilizar en dosis adecuadas el escritor, capaz de percibir el modo de hablar de los pueblos del occidente de España. Veámoslo a través de una serie de referencias al mundo interior de los afectos, sentimientos o capacidades, que sus personajes expresan en plural: «los más profundos *remordimientos*», «veremos si me encuentro con *fuerzas* suficientes», «bastantes *penitencias* para la flaqueza de mi espíritu», «le entraban unos *corajes*», «me entraban unas *angustias*» ('nauseas'), «idénticas *ansias*», «las *asfixias* de la virgen de agosto», «de no habérselo llevado Dios de mis *alcances*», «estas *filosofías*» ('ideas'), «no me faltaron *voluntades* para levantarlo», «secándome los *dentros* con su aire pesaroso», «nunca fue un modelo de *virtudes* ni de *dignidades*», «me ponía los *genios* en una tensión», «gozo el más honesto de los *gozares*».

Pero estos plurales se dirigen también al mundo de las sensaciones: «unos *tiemblos* me recorrieron todo el cuerpo», «los *olfatos* del alma», «nos ahogue los *pulsos*» (con respecto a esto último algún lector de mi generación recordará la copla: «... que se me paren los pulsos / si te dejo de querer»); o a algunas partes del cuerpo, como: «la gente no asoma los *hocicos* a tiempo», «hubimos de secarle las *carnes*», «las *sienes*»; e incluso otros plurales referidos a la realidad externa al sujeto: *los dineros, las cervezas, los tiempos, los fondos*. Aunque nada de esto es comparable a esos *pordentros* salmantinos a que se refiere Alberto Estella en un ejemplo como «se me han removido los pordentros».

La figura *exálage,* que el marqués de Villena define: «poner número plural por singular y singular por plural», sirve para explicar usos como estos, que encontramos también en Calderón: «Ya van sembrando venenos / por todas esas campañas» (sustituido en un manuscrito por *veneno*), igual que escribe: «aunque sus iras / vayan tras él», que algún manuscrito altera en *ira*. *Las saludes del cuerpo*, que aparece en una de sus obras, lo han interpretado algunos filólogos como *saludos*, por no caer en la cuenta de que se trata sencillamente de uno de estos plurales que casi han desaparecido, relegados, como decía, al ámbito de lo rural. Son usos que encajan, no obstante, bien en un texto culto si quien acude a él tiene el tino de Isidoro Reguera escribiendo: «la novedad de sus pensares», para no repetir *pensamientos*.

Conclusión: las razones de más peso para preferir una palabra frente a otra son las de sus hablantes

Con no poca cautela he ido moviéndome por la historia reciente de la vida de algunas palabras, tratando de mostrar que, por mucho que nos parezca que nuestras ideas sobre un uso o un significado pertenecen a la lógica, ello resulta difícil de mantener cuando otras personas pensarán lo mismo de otras posibilidades, y por razones tan atendibles como las nuestras. Ni siquiera el recurso a la historia dirime la oportunidad o inoportunidad de un determinado empleo, pues no es en definitiva en los tortuosos caminos que haya recorrido una voz donde encontramos la última palabra para su aceptación: puestos así —lo digo sin la menor ironía— deberíamos abandonar de una vez el español y acogernos al latín para entendernos. ¿Se figura el amable lector lo que ocurriría en nuestro país si se echara la vista atrás y tratáramos cada uno de nosotros de reconstituir herencias que en su tiempo perjudicaron a nuestra familia? Por eso en el derecho, como en las lenguas, hay un momento en que termina por prescribir el delito, si fuera lícito llamar así a los cambios que han afectado a las lenguas.

Más adelante, a partir del capítulo IV, volveré sobre ello a propósito de algunas malas opciones sufijales. Ahora me fijaré solo en un caso, que, a pesar de la tinta que ha hecho correr, me parece irrelevante. Consiste en discutir si hemos de decir *castellano* o *español* y si hemos de hablar de *America Latina* o *Hispanoamérica* o *Iberoamérica*. Claro que hay razones históricas que explican el porqué de algunas creaciones y de otros tantos rechazos; en lo que no voy a entrar porque es asunto suficientemente debatido, incluso en la prensa. Si a nadie se le ocurre reclamar que se designe a *México* como *Nueva España,* como se llamó en un principio, por más que, estemos en desacuerdo con los motivos por los que se produjo el cambio, ello se debe a que ha prescrito la posibilidad de recuperación del nombre originario, como ha prescrito igualmente para muchos el de *Hispanoamérica,* a menos que decidamos imponer —y creamos además que ello es posible— nuestra voluntad al uso que prefiere la mayor parte de los americanos. Me parece que no son inoportunas las ideas de un premio nobel de literatura, que se enfrentó, cuando aún no lo era, con otro, que sí lo era ya por entonces. Estamos en el año 2001, en que se celebró el Congreso de la Lengua Española, en Valladolid; y explica así la prensa lo que ocurrió:

> Mario Vargas Llosa criticó, ayer, en el programa Protagonistas, de Onda Cero, la actitud de Camilo José Cela respecto a sus preferencias de los términos *español* e *hispanoamericano* frente a *castellano* y *latinoamericano*. «Esas son unas actitudes intolerantes que no corresponden en absoluto a una lengua hablada en tantos continentes y por tantas gentes», dijo Vargas Llosa. «La riqueza de nuestra lengua debe ser justamente la de la posibilidad de expresarse de acuerdo a criterios distintos, a opiniones distintas».

Se contrastan en este texto dos percepciones de la realidad, en una de las cuales se busca imponer una idea y en la otra se indica, a mi juicio de una manera razonable, que cada uno tiene derecho a optar por lo que le parece más adecuado. Con respecto a esto hay muchas posibilidades con las que se puede contar. ¿Es sorprendente que, al independizarse de España sus colonias, algunas prefirieran evitar el término *español* para nuestra lengua? ¿Es difícil de entender que donde se habla catalán, vasco o gallego se prefiera el uso *castellano* al de *español*? No más que entender las razones por las que en 1925 la Academia cambió el título de su *Diccionario de la Lengua Castellana*, que así se había titulado en las catorce ediciones anteriores, por el *de la Lengua Española*. ¿No tendrían también sus razones aragoneses y andaluces para no llamar *castellano* a una lengua que ellos han contribuido a formar? ¿Y los castellanos no las tendríamos por referirnos a nuestras peculiaridades precisamente por medio del adjetivo *castellano*? Cualquier opción es posible, siempre que no se considere excluyente, frente a cualquier otra.

A diferencia de las polémicas que azuzan con asuntos como estos a los españoles para que no nos entendamos, quienes de verdad se dedican a la ciencia pueden opinar de una forma que tiene, de partida, la condición de la concordia, por más que, como todo, sea opinable. Podré a modo de ejemplo un fragmento de una entrevista al padre Batllori:

> ... ahora digo América Latina sin dificultad, pero esa expresión antes de 1830 es un disparate histórico.
>
> —Esa polémica sigue viva.
>
> —Siempre recuerdo la anécdota de Agustín de Foxá, cuando en tiempos de Franco prohibían a los diplomáticos decir América Latina y obligaban a decir Iberoamérica. Foxá, harto de los arteros argentinos, según ha contado un compañero suyo, un día dijo en una reunión [con acento porteño]: «Llamémosla latina y nos la repartimos entre cuatro».
>
> —¿Qué expresión prefiere, pues?
>
> —Uso Hispanoamérica para mis estudios históricos, pero desde el paso de Brasil del Imperio a la República se puede hablar legítimamente de América Latina. La problemática histórica, política, económica, es desde entonces muy común para todos.

Yo, harto de argumentos y contrargumentos de unos y otros (que muchas veces son solo el pretexto para imponer el criterio propio), aprovecho las posibilidades que me permiten estos sinónimos y empleo en cada ocasión lo que me viene en gana, sin hacerme de ello un problema. En el caso de *Latinoamérica* lo tengo muy claro: olvidarme unas veces de las razones de la creación del término y adoptar lo que los propios americanos prefieren, pero otras cambiar al uso que me parece más lógico desde el punto de vista histórico (por más que me resulta difícil olvidarme de su imposición durante la dictadura franquista), es decir, *Hispanoamérica*. En lo del *castellano* o *español*, suelo utilizarlo con un absoluto desinterés por adaptarme a las preferencias de mi interlocutor. Y por escrito, habiéndome acomodado al uso de algunos filólogos: *castellano* hasta el Renacimiento y *español* de entonces para acá —pero sin hacer de ello *casus belli*—. En tiempos utilizaba más el término *castellano;* ahora, según he ido cayendo en la cuenta de la importancia que los dialectos hispánicos —leonés y aragonés— tuvieron en la formación de nuestra lengua, voy adoptando cada vez más el de *español*.

III
La contaminación de las palabras

Las palabras de una lengua no están aisladas, sino que mantienen múltiples relaciones entre sí. Podemos conectar así *aderezar, reparar* y *arreglar* de distintas maneras: a simple vista se percibe que estas voces tienen en común un significado como 'mejorar algo'. Sin embargo se puede *reparar* o *arreglar el motor de un coche*, pero no *aderezarlo*; se puede *arreglar una habitación* y *arreglar* o *aderezar una ensalada*, pero no *reparar* ni la habitación ni la ensalada.

Se da una relación entre estas palabras a partir del sentido básico de 'mejorar algo' en que coinciden: tal relación de significado —o semántica, si se prefiere— es la que nos lleva a considerar estas voces sinónimas, por una cierta coincidencia en lo que significan, a diferencia de lo que ocurre entre *piedra* y *urraca*, que solo tienen en común el hecho lejano de su condición de seres. Estas relaciones, por lo demás, no son permanentes, sino que cambian con las personas: yo me atrevería a *aderezar* una habitación o un objeto que esté un poco estropeado, aunque si lo dijera ante algunos amigos, estos se reirían de mí y se reirían igualmente si me refiriera a que una chica se ha *aderezado,* como he hecho antes, con la intención de sorprender al lector. Cambian también estas relaciones con el paso del tiempo: así, en la época del *Quijote* se podía *aderezar* una lanza que estuviera estropeada, igual que se podía *aderezar* a un niño para que saliese presentable a la calle, o un puente que estuviera muy degradado, cosas todas que hoy resultan imposibles de *aderezar*.

Estas relaciones no son, por tanto, permanentes, y sus significados y usos pueden contaminarse entre sí. Alguien que sepa qué significa *dar un sablazo* puede atreverse a decir lo mismo por medio de *dar una estocada,* como se teme que haga un coronel en la traducción de la novela de Umberto Eco *El cementerio de Praga:* «Se sabía que estaba cargado de deudas, los redactores lo evitaban cuando se les acercaba con aire reservado porque preveían una estocada, y el dinero prestado a Esterházy, ya se sabía, nunca volvía». Para entender que esta estocada no era de las que matan o hieren —al menos físicamente— los afectados no necesitaban pensarlo mucho.

Es lo mismo que ocurre cuando queremos *escudarnos* en nuestras razones o argumentos, para lo que tenemos este verbo derivado de *escudo;* pero igualmente lo entenderíamos si nos dijeran de alguien que «se abroqueló de los ataques que le hicieron, por medio de sus argumentos», siempre y cuando sepamos que *broquel* es también un escudo. Precisamente se emplea con este sentido de defender las propias ideas, convicciones o pasiones en forma casi numantina, propia de quien sabe mantenerse firme en ellas. Así aparece en la lengua escrita: se sirve de ella Pedro de Montengón en una obra que conoció un gran éxito a finales del siglo XVIII, *Eusebio,* donde se dice que la vanidad *se abroquela* en el honor para justificar las pasiones no refrenadas; livianos placeres de los que conviene *abroquelarse* con el recato. Del mismo modo Pérez Galdós escribe sobre la oportunidad de *abroquelarse* tras el durísimo escudo de la experiencia, como don Marcelino Menéndez Pelayo explica que Voltaire, para no herir al fanatismo cristiano, *se abroquelaba* con una humilde dedicatoria a Benedicto XIV, y Miguel de Unamuno presenta a un personaje *abroquelado* en la ciencia. Muy cerca del comienzo de nuestra guerra civil, era razonable que el padre Zacarías Villada, martillo de herejes, recordara la posibilidad de *abroquelarse* en los cánones de un concilio del pasado.

Las palabras adoptadas

Las relaciones de sentido entre las palabras las establecemos, consciente o inconscientemente, en muchos casos en que estas nada tienen que ver entre sí, de forma que al hacerlo socavamos su significado, contaminando el de una con el de la otra. Lo diré —le pido al lector que quite a mis palabras el moralismo que contienen— acudiendo a la imagen de la manzana podrida, que inficiona a la que tiene al lado. En realidad esta interferencia la establecemos en nuestra mente, de una manera que trataré de explicar por medio de un ejemplo: Mario Vargas Llosa presenta en *La fiesta del Chivo*, con unas rápidas pinceladas, a un grupo de personas que lleva horas esperando para ver el cadáver del dictador Trujillo, tras su asesinato: «Había escenas desgarradoras, llantos, alardes histéricos, entre los que ya habían alcanzado los graderíos de Palacio y se sentían cerca de la cámara fúnebre del Generalísimo». Con el diccionario en la mano ese *alarde histérico* no puede significar más que la forma como la gente mostraba a las claras su dolor; pero a un lector se le podría colar por los entresijos de esta voz la palabra *alarido*, que por su relativa semejanza con *alarde* podría conducirlo directamente hasta él.

Contaminaciones como esta pueden terminar aceptándose como lo más normal del mundo. Es lo que ocurrió con *herencia,* que hoy nadie dudaría en considerar de la misma familia de *heredar, heredero* o *heredad,* a cuyo mismo ámbito significativo pertenece. Y, sin embargo, este ha sido el lugar de llegada, pues *herencia* en principio nada tenía que ver con estas palabras: se trataba de la evolución del latín *haerentia* ('bienes de una persona'), que por su parecido con las voces emparentadas con *heredar* se integró bien entre ellas. Alguien hubo de dar el primer paso para que esto ocurriera, en lo que le siguieron los demás hablantes; de forma que, al final, *herencia* se convirtió en un pariente más de la familia de *heredar*, sin que hoy seamos conscientes de que esta palabra ha sido adoptada. En otras lenguas no ocurrió lo mismo: así en francés, en que, en lugar de nuestro novedoso *herencia*, se mantiene un derivado del latín *hereditatem*, *heritage*, que en español dio *heredad*. Ciertamente en nuestra *heredad* permanece todavía un eco del significado 'herencia' que tenía en latín, pero referido a una realidad ya diferente: 'terreno propio de una familia'.

Llegados aquí, si yo me refiriera al *heredador* de una fortuna o al *heredante* de ella, en vez de al *heredero,* entendería el lector que se trata de quien ha tenido la suerte —o quién sabe si la desgracia— de heredarla. Para ello no ha podido basarse en el diccionario, pues el académico, al menos, no acoge estas voces —y es razonable que no lo haga— registradas en alguna ocasión en nuestra lengua; pero para saber su significado nos basta con aplicar una regla razonable en español para crear sustantivos con valor de agentes: consiste en colocar el sufijo *-dor* a un verbo, tal y como hacemos con *tirador* (de *tirar*), *comprador* (de *comprar*) y como ocurrió en el pasado con *robador* 'ladrón' (de *robar*) o *habitador* 'habitante' (de *habitar*), que hoy no solemos usar; del mismo modo, por medio de *-nte* formamos *estudiante* (de *estudiar*) y *presidente* (de *presidir*). Con lo anterior, estoy tratando de implicar a los lectores para que abandonen la idea de que dependemos solo de las palabras que aparecen en los diccionarios y se den cuenta de que tan importantes como estas son los esquemas que podemos construir e interpretar a cada momento. Les estoy previniendo con este inciso de algo de lo que trataremos con más calma a partir del próximo capítulo.

Para no adelantar acontecimientos volvamos con las contaminaciones que se producen a causa de la semejanza externa que mantienen ciertas palabras, para señalar por medio de un ejemplo que los préstamos son buenos candidatos para que los adopte una familia distinta a la suya. Se explica en el diccionario académico que *mosqueado* 'que tiene motas, pintas' procede de *mosquear,* que significa 'ahuyentar las moscas'. Darle esta procedencia a *mosqueado* hace suponer que ese movimiento de manos con que se golpea el aire para espantar a las moscas puede haber originado que este significado se haya construido a partir de la idea de que se esparzan acá y allá en un tejido unas cuantas motas o tengan ese aspecto los colores salteados con que se decora un alimento. Y, sin embargo, como acaban de enseñarme mis colaboradores en el *Nuevo diccionario histórico* de la Academia, nada tiene que ver *mosqueado,* en ese sentido, con ese *mosquear,* pues se trata de un calco de una palabra francesa introducida en español por vía de la gastronomía y de la moda: *mouschetée,* participio del verbo *moucheter* (documentado en esa lengua desde 1340), en la forma *mosqueteado* (así en el siguiente ejemplo del *Arte de cozina* de Martínez Montiño, de 1611: «echarás el batido que será blanco un poco *mosqueteado* por la canela y clavo»), pero también *mosqueado.*

Las palabras *fornecinas:* errores debidos a estas contaminaciones

Si el lector decide dejar pasar sin protestar ese *fornecinas* que he puesto en la entrada de este apartado —confiando en que, por raro que le parezca, está ahí por algún motivo—, espero que se atreverá a acompañarme para ver cómo el parecido externo entre las palabras facilita la contaminación de sus significados, sobre todo si hay otras condiciones que la propician: su aislamiento o su pertenencia a un ámbito reducido de uso (bien porque una de ellas o las dos se empleen en un estilo elevado, bien porque se trate de términos especializados), lo que supone también una forma de aislarse. No podemos en estos casos contar con el apoyo que nos proporcionan las voces de la familia —más o menos cercanas— en que nos apoyamos normalmente para comprender el significado de gran parte de las palabras de una lengua.

Esa falsa relación semántica que el hablante llega a establecer entre dos palabras da lugar a chistes con que se caracteriza a las personas incultas, como ocurre con *pulular* 'moverse errática y rápidamente un grupo de seres', convertido en *purular* a causa de la existencia de *purulento*, que significa 'tener pus', o con *formica,* marca registrada que se refiere a un conglomerado de madera, que un carpintero al que encargué el arreglo de un mueble cambiaba en *fornica* porque se veía interferido por el verbo *fornicar,* poco usado, pero que él había aprendido cuando le enseñaron los mandamientos de la ley de Dios. Un error parecido a este lo oí hace ya tiempo, en referencia a quien fuma mucho: *fuma como una covacha*, porque resultaba ajena la voz *coracha,* que es la bolsa de cuero en que se traía tabaco de América (*coracha, coriáceo* son de la misma familia de *cuero*), de forma que quien cometía esta equivocación quizá se hiciera la idea de que ese vicio encontraría el espacio adecuado para practicarlo en el retiro de una vivienda miserable, una covachuela. ¿No habrá oído el lector alguna vez *destornillarse* de risa por *desternillarse*?, en una imagen en que se piensa que de tanto reírse a una persona se le salen los tornillos, en lugar de relacionarlo con la *ternilla.* Supongo que tantas veces como habrá visto escrito en la prensa el *Naranjo de Bulnes,* en lugar del *Naranco de Bulnes.*

Un especialista en el dominio de la terminología médica, Fernando Navarro, cita en un trabajo suyo algunos errores en los que podemos tropezar cuando vamos al médico, debido a que a la mayor parte de los hablantes nos resultan ajenas un gran número de palabras de ese ámbito. No creo que quienes se han atrevido con la lectura de este libro caigan en confusiones a que se refiere él, como *cinecólogo* por *ginecólogo, espina del rosal* por *espina dorsal,* o *dolor asiático* por *dolor asmático,* ni que puedan explicar al médico que llevan tres meses tomando las *cláusulas* verdes, en lugar de *cápsulas* de ese color, o que les han cambiado los *oprimidos* 'comprimidos' por unos *opositorios* 'supositorios', o que les hicieron en urgencias un *escarnio* de la cabeza o un *escaño,* por un *escáner.*

Son deturpaciones que se asemejan mucho a las que se han denominado *prevaricaciones idiomáticas,* que estudió Ángel Rosenblat en los usos de algunos personajes del *Quijote*, como cuando el cabrero tropieza en *cris* buscando dar con *eclipse,* o en *estil* con *estéril*; o cuando Sancho, ama y sobrina maltratan así los nombres de los personajes de los libros de caballerías: *hurgada* por *Urganda*, *Muñón* o *Fristón* por *Frestón*; y cuando Sancho a solas se enreda con las *cananeas*, que son las *hacaneas* —de lo que se contagia, a propósito, el narrador—, o con las martas *cebollinas*, es decir, *cebellinas*, palabra poco conocida en el Siglo de Oro, que abundaba, en cambio, en uno de esos libros de aventuras que leyó Cervantes y cuya veta irónica entendió tan bien, como es el *Tirante el Blanco*. Estos que en la literatura son recursos humorísticos se convierten en la lengua coloquial en uno de los más graves errores, tal y como explica Juan de Guzmán, el discípulo del Brocense, al prevenirnos en su *Méthodo de prudencia,* por medio del precepto siguiente de «que no corrompamos los vocablos, como para dezir *assí* dicen algunos *ansina*, y a uno oí dezir cavallo *religioso* por cavallo *rijoso*».

Hemos de andarnos con cuidado, sobre todo si tratamos de ponernos estupendos, lo que facilita, por ejemplo, emplear *inflamación* por *inflación*, error con que Juan Carlos Onetti («es la inflamación y a todos perjudica») caracteriza a un grupo de hablantes de medio pelo. Del mismo modo Andrea Camilleri cuela como de rondón la incultura de un personaje en su divertida *La concessione del telefono* haciéndole confundir *equinozio* con *equívoco* y *mininominìnia* con *homonimia.* Voy a dejarlo en esta italianización del siciliano a que recurre el novelista, aunque el lector tenga que hacer un poco de esfuerzo para comprenderlo:

—Dice che si trattò di un *equinozio* per *mininomininìa.*
—Ti sei messo a parlare turco?
—Permettessi, don Lollò, posso spiegare io. L'amico Gegè vole dire che a Pippo Genuardi lo carzararono per un *equivoco* dovuto a un'*omonimia* che viene a dire quanno due pirsone si vengono a chiamare all'istesso modo e uno li scangia.

Ya me he referido en el primer capítulo al significado de *sinonimia;* más adelante pasaré, como sobre ascuas, por la voz *antonimia;* sobre ascuas paso ahora también por *homonimia,* que acaba de aparecer: los *homónimos* son aquellos vocablos distintos en su origen que terminan coincidiendo en su aspecto externo, pero no en su significado (del latín *homonymia* 'semejanza de nombre', tomado a su vez del griego *homonymía*); es el caso de *escatológico,* que con esta forma se viste a dos palabras distintas: una de las cuales se refiere al mundo del más allá y otra al de los excrementos, con un origen diferente, pero que han terminado por coincidir en su aspecto externo. Esto explica que en el ejemplo de Camilleri se utilice *homonimia* (si bien deturpada en *mininomininìa*) referida a dos personas que se llaman de la misma manera.

El triunfo de las *falsas interpretaciones* de las palabras

Me he referido en algún trabajo mío a algo que viene aquí al pelo, relativo al cambio de significado que se da algunas veces entre *umbral* y *dintel.* La razón es el parecido que tiene *umbral* con el latín *umbra,* voz que es la base en nuestra lengua de palabras que no pertenecen a lo coloquial, como *umbroso* 'que está a la sombra' y su sinónimo *umbrátil; umbráculo* 'lugar cubierto para defenderlo de los rayos del sol'; *umbrático* 'que produce sombra'; y *umbela,* aplicado a la disposición de las flores de una planta en forma de sombrilla. Pero *umbral* nada tiene que ver con este latín *umbra,* sino con *liminaris,* derivado de *limen* 'umbral' (su plural es *limina,* que cualquier lector reconocerá en la visita *ad limina* que hacen los obispos cuando visitan al papa, pues llegan hasta los umbrales de la iglesia de San Pedro y San Pablo); es este uno de esos casos de etimología fácil de establecer, pero difícil de entender por el profano, pues exige una cadena evolutiva con varios eslabones, que muestro a continuación:

1. El latín *liminare* evoluciona a *limnar* (como en *seminare* > *semnar* o en *homine* > *homne*). Con aquellas palabras *liminares* 'a la entrada', que escribí en el capítulo primero pretendía no solo llamar la atención del lector, sino prepararle para que identifique ahora la palabra latina de que procede el primer eslabón de esta evolución.
2. *Limnar* evoluciona a *limbral* (como *semnar* > *sembrar, homne* > *hombre;* y *cárcer* > *cárcel, árbor* > *árbol*).
3. *Limbral* evoluciona a *lumbral,* contaminado por *lumbre;* en esta evolución se quedó el municipio salmantino *Lumbrales.*
4. *Lumbral* se convierte en *umbral,* por tomarse la *l* incial de la palabra como si se tratara de la del artículo: *el-umbral* en lugar de *el lumbral.* Es lo mismo que ocurre cuando algunas personas cambian *el laurel* en *el aurel.*

Ese parecido entre *umbral* y el latín *umbra* 'sombra', con la que no tiene nada que ver, ha originado algunas equivocaciones en personas eminentes, que han pensado que *umbral* debía ser la parte superior de la puerta, por ser la más sombría, a la que con más dificultad llegaba el sol, tomando por tanto el *dintel,* que es la parte superior de la puerta, opuesta a la anterior, como si se tratara de la inferior. De ahí que José Zorrilla, en el *Don Juan Tenorio,* explicara por boca de la abadesa:

¡Dichosa mil veces vos!
Dichosa, sí, doña Inés,
que no conociendo el mundo
no le debéis de temer.
¡Dichosa vos, que, del claustro
al pisar en el dintel,
no os volveréis a mirar
lo que tras vos dejaréis!

Se entiende que alguien anotara en el autógrafo del *Don Juan Tenorio* que se conserva en la Real Academia Española el siguiente comentario irónico: «muy alto y en muy mala posición pisó», que podríamos colocar también en los márgenes de *La cruz del diablo*, uno de los cuentos de misterio de Gustavo Adolfo Bécquer, seguidor de Zorrilla en tantas cosas, que confundió también *dintel* por *umbral:*

> Mi primer movimiento fue arrojarme a la puerta para cerrar el paso; pero al asir sus hojas sentí sobre mis hombros una mano formidable, cubierta con un guantelete, que después de sacudirme con violencia, me derribó sobre el dintel. Allí permanecí hasta la mañana siguiente, que me encontraron mis servidores falto de sentido.

El camino que pone su meta en hablar bien es, como he dicho y repetido, largo, aparte de estar sembrado de equivocaciones. No deberíamos desalentarnos por ellas, pues cualquiera puede tener un tropiezo: Rufino José Cuervo, el gran filólogo colombiano que vivió a caballo entre los siglos XIX y XX, empleó precisamente *dintel* con el significado de *umbral* y no por ello se hundió el mundo ni ha decrecido la importancia de su obra.

Algunas confusiones se han blanqueado y están cómodamente instaladas en la norma, como la acentuación de *nóbel* como voz llana: se tomó del nombre del químico sueco Alfred

Nobel, que en su lengua tenía acentuación aguda [nobél]; o *élite* con un acento esdrújulo: es una voz que hemos adoptado del francés, donde se pronuncia [elít(e)], pues en esa lengua la tilde no marca el acento de intensidad, sino la abertura o cierre de la vocal, y nosotros, al ver *élite* escrito así, hemos pensado equivocadamente que marcaba el acento en una posición imposible para esa lengua. La generalización de estas acentuaciones erróneas ha originado que hoy se admita pronunciar [*nóbel*] y [*élite*], por más que a unos cuantos, incluso a sabiendas de que el futuro no nos dará la razón, no nos importe pasar por anticuados manteniéndonos en nuestros trece de pronunciar *nobel* y *elite*, en buena correspondencia con la que nos parece que habrá de ser su representación escrita.

A causa de una confusión entre dos sonidos, tenemos hoy en español dos palabras: *pifia* y *picia*. Su historia es, a grandes rasgos, la siguiente: el verbo *pifiar*, que en principio significaba 'hacer que se oiga demasiado el soplo del que toca la flauta', desarrolló un sentido 'fallar', que se ve bien en: «la ha pifiado», aplicado, por ejemplo, al tenista que ha fallado una jugada. De este verbo se ha derivado el sustantivo *pifia* 'error, desacierto', que lo tenemos en este ejemplo tomado del *Diccionario panhispánico de dudas* de la Academia: «Con una sola pifia, el guardameta arruina un partido» (hay otro sentido americano de *pifiar* 'hacer burla de una persona', tal y como lo vemos en el poema gauchesco de José Hernández *Martín Fierro*, de principios del siglo XX: «aunque lo *pifiaban* tanto / jamás lo vi dijustao»). De *pifia* se ha terminado creando un *picia* en determinadas regiones españolas, por esa confusión vulgar que lleva a algunas personas a pronunciar *celpa* por *felpa,* o *celipe* por *felipe*. Aunque en el diccionario académico solo se registra *pifia*, el *Diccionario panhispánico* acoge las dos formas, dando fe de la existencia de la segunda, si bien aconsejando no confundir ambas en sus significados.

La situación es muy parecida a los dos siguientes ejemplos; el primero lo he oído a varias personas cultas que además hablan francamente bien: se trata del empleo de la *líbido,* acentuada así, en lugar de la *libido* que le corresponde, porque, tratándose de una palabra que no es de uso corriente, se contamina por el adjetivo *lívido,* que tampoco es una voz que empleemos a menudo. He oído también cruzársele a alguien *enjugar* una deuda con *enjuagarla,* con el consiguiente pitorreo de sus amigos. Las neuronas del equivocado, que era además filólogo, no se habían movido —permítaseme que lo explique así— a la velocidad suficiente para darse cuenta de que *enjugar* procede de un latín *ex-sucare* ('sacar el jugo', del prefijo latino *ex-* referido al sentido de procedencia y de un verbo latino derivado de *sucum* 'jugo'), que es como si dijéramos que a uno le exprimen cuando se ve obligado a pagar una deuda. Nada tiene que ver esto con el latín *ex-aquare* ('quitar el agua a lo que se ha lavado', con el mismo prefijo *ex-*, combinado ahora con un verbo derivado de *acqua* 'agua'), es decir *enjuagar*. Tengo la impresión de que los bancos prefieren que enjuguemos nuestras deudas, es decir, que las sequemos, a que les lavemos la cara (a las deudas, claro está), haciendo como que las pagamos.

No nos escandalizamos quienes trabajamos en el *Nuevo diccionario histórico* de la Academia, al estudiar unas cuantas armas, cada vez que nos topamos en textos literarios con falsas interpretaciones en casos como *broquel,* voz que hacía referencia a un escudo, hoy prácticamente desconocido, que solo aparece en obras históricas; en el pasado era una palabra corriente, como lo demuestra su aparición en el refranero, en el siglo XVI: «armas milanesas, broqueles venecianos, putas toledanas». No se puede negar el parecido externo que *broquel* tiene con *brocal,* que no se corresponde, en cambio, con su distancia significativa: el primero es un escudo, el segundo 'el pretil de protección que suelen tener los pozos'. Un día una redactora de nuestro diccionario se topó con la siguiente confusión de *broquel* con *brocal:* «Si asomaba la cabeza al *broquel* del pozo de mi casa, la descubría en el fondo»; lo curioso es que en la edición de 1927 del *Diccionario manual* de la Academia Española *broquel* llevara una acepción 'brocal' propia de América, si bien tildada de barbarismo, que permite entender por qué este error ha terminado pasando al uso de allá, en casos como el siguiente de la novela de Miguel Ángel Asturias, *Hombres de maíz*: «Cayó en un pozo de quién sabe cuántas varas de profundidad, de esos pozos que perforan en busca de agua y dejan abiertos al no encontrar, sin señal de peligro, sin broquel de ladrillos».

Los historiadores del léxico estamos curtidos con respecto a este tipo de contaminaciones: no nos sorprende que unos cuantos escritores de primera fila —¡son humanos también!— hayan confundido *pavés*, asimismo un escudo, con *pavesa*, esas partículas ardientes que se desprenden de un fuego, o que puedan interpretar *égida,* un tipo de escudo con que se representa a Júpiter, como *hégira*, la era de los musulmanes. Y es que cualquiera a quien si se le pincha sangra o se ríe si se le hacen cosquillas, se puede confundir, como me confundiré yo mismo varias veces a lo largo de este libro: y no me cabe la menor duda de que mis amigos me lo harán notar de diversas formas, según su grado de amistad. ¡Mejor vagar que tienen! Pero el problema no es confundirse, sino aprender de la confusión. Si tuviera razón Juan Benet, como creo que la tiene, en que «escribir es una manera de decir que no puedes hacer música», se me aceptará que para conseguir este sucedáneo que es la escritura habrá mucho que practicar y mucho, por tanto, que corregir. ¿O hemos de pensar que hablar, escribir o tocar un instrumento son cosas que salen así, a la primera, sin esfuerzo y sin disfrutar tratando de mejorar? Pero para practicar se ha de contar con el apoyo de maestros que no se rían solo al oír que a alguien *lo han puesto en un membrete,* sino que se hubieran decidido a explicar, antes de que surgiera el disparate, que el *brete* era el cepo con el que se trababan las manos o los pies de una persona para que no se pudiera escapar. Claro que es fundamental dedicar en la enseñanza todo el esfuerzo posible para explicar el porqué de los significados de aquellas palabras que son más propensas a la confusión, no conformándonos solo con remitir al diccionario cuando surge un problema.

Las buscadas «equivocaciones»

Una contaminación no tiene por qué estar originada por una equivocación, sino que puede deberse a la intención del hablante o escribiente de ser expresivo. Fernando Navarro, de quien he tomado prestados más arriba unos cuantos ejemplos sobre equivocaciones de los enfermos cuando se sirven de términos médicos, añade otros que proceden de la jerga de los propios profesionales de la medicina, pues curar a la gente no exige perder el sentido del humor. A eso contribuye utilizar lo que, si no se hubiera creado en broma, sería un disparate: *pederastas* (por *pediatras*), *ginecópatas* (por *ginecólogos*), *hematófagos* (por *hematólogos*) o *linternistas* (por *internistas*). Es la misma capacidad de reírse de las cosas que tiene el tontilisto de Bertoldo, el primero de los héroes de *Bertoldo, Bertoldino y Cacaseno*, obra que tanto circuló por nuestro país en el siglo XIX y en los primeros años del XX, cuando a la pregunta de la reina: «¿Cómo te apelas?», responde: «Yo no me acuerdo que jamás me hayan pelado», confundiendo *apelar* con *pelar*.

Si tomamos en consideración contaminaciones como estas no debería sorprendernos que una persona mezclara los adjetivos *ostentoso* y *estentóreo*, manteniendo el significado del primero 'que hace ostentación' (derivado de *ostentar*); no era *ostentoso* una palabra rara, a diferencia de la otra, desconocida para la mayor parte de la gente, que se trata de una voz exclusivamente literaria, creada en el Barroco como una derivación adjetiva de *Esténtor*, un personaje de la *Ilíada* cuya voz era tan fuerte como la de cincuenta personas juntas. La emplea Villaviciosa en *La mosquea*, referida a «Beelcebuth con su cara horrenda, y fea / [...] / y sacando la *voz stentoréa*» (acentuada entonces así); en el siglo XIX acuden a ella Mesonero Romanos, Bécquer, Galdós, etc., y acabo de encontrármela en *Ritos de muerte* de Alicia Gómez Bartlett, que la pone en labios de una mujer despechada por el trato que le ha dado una inspectora: «Frunció los labios como si se retuviera para no escupirme. Saludó estentóreamente y salió dando un portazo». ¡Qué fuerza debió tener ese adiós! Ortega y Gasset fue más lejos, adoptando como sustantivo el nombre del héroe griego: «Un ujier, con voz de esténtor, los iba anunciando», escribe sobre la fiesta que le dieron a Victor Hugo en el palacio del Eliseo; quizá no sea casual el hecho de que exista esta voz en francés: la encuentro en Patrick Modiano, *Quartier perdu:* «Dès son entrée au salon, il hurlait d'une voix de stentor: —Madame dort toujours?» ('Desde que entró en el salón, aullaba con una voz de esténtor: —¿Duerme aún la señora?').

En estas condiciones se entiende que aquel dicharachero personaje Jesús Gil y Gil, que tuvimos que padecer tiempo atrás en nuestro país, pudiera equivocarse y contaminar *ostentoso* por *estentóreo* creando un engendro del que se han mofado los periodistas, como, por ejemplo, Francisco Umbral proponiendo de coña la introducción de este «hermoso vocablo» en el diccionario, o Juan José Millás, que se ha referido varias veces al modo en que Gil y Gil descubrió involuntariamente este término. Parémonos aquí y pensemos qué habría ocurrido si en una novela de un escritor de prestigio un personaje muy pagado de sí mismo apareciese en escena hablando muy alto, en una forma como la siguiente: «Don Tertuliano, con su ostentórea presencia...». Un lector culto reaccionaría, a mi juicio, muy bien ante esta forma tan expresiva de presentar al personaje, sobre todo si cae en la cuenta de que el ejemplo procede de una obra de Juan Benet, escrita creo que con antelación a la equivocación del Sr. Gil y Gil y sin ninguna relación con ella. Pregúntate, lector, cómo has reaccionado tú, porque lo que pretendo es mostrar que la equivocación y el acierto expresivo pueden darse paralelamente, de forma que no es la voz acuñada la que nos anima a admitirla o a rechazarla, sino que influye en ello quién sea el responsable de la acuñación: no es lo mismo que la empleara por equivocación un atrabiliario personaje de nuestra fauna nacional o que fuera una elección buscada de un prestigioso novelista.

Las palabras de otras lenguas se arrojan en paracaídas sobre la nuestra

Estoy de acuerdo con Antonio Muñoz Molina cuando en una entrevista se refiere a que algunos de los préstamos que tomamos del inglés pueden deberse a «una mezcla de pedantería, afán de estar a la moda y complejo de inferioridad», así como en su matización de que no conviene ser excesivamente purista con la limpieza del idioma: «algunas palabras —explica— no hay más remedio que usarlas, y no pasa nada por decir *software* o *email*. A un idioma sano no le perjudican nada las palabras aisladas que vienen de otros». Pero claro está que otras palabras pueden hacernos reír, como cuando leemos en una revista que «se imponen los *concept stores* que aúnan arte, gastronomía y moda», o nos las habemos con voces como *cool, casual* [káshual] o *trendy* (que está entrando a través de los *trending topics* de Twitter), que no sé si lograrán saltar la barrera de lo efímero como tantas otras creaciones surgidas en el mundo de la pijería.

A estas alturas del libro no creo que sea necesario insistir en que las lenguas, frente a lo que creen muchos de sus hablantes, no son, ni pueden ser, puras. Por el contrario se contagian las unas de las otras, a la vez que se entremezclan sus usos, las ideas de quienes las hablan, las modas y hasta su forma de comportarse. Para que una lengua fuera pura necesitaría estar aislada de todas las demás, viviendo enteramente de espaldas a ellas. No resulta difícil entender que los préstamos se tomen fundamentalmente de los idiomas en que se crean los términos científicos, técnicos y económicos. Esto ha ocurrido siempre y no podemos pensar que se trate de una condición de los tiempos en que nos ha tocado vivir; si bien no es menos cierto que en todas las épocas se ha reaccionado con prevención hacia las palabras importadas.

Para mostrarlo no voy a retrotraerme demasiado en el tiempo; me conformaré con observar algunos hechos referentes al léxico que tienen lugar en el recodo que va de los finales del siglo XIX a los principios del XX. Si atendemos a las críticas que hace la prensa de algunos usos que luego se han terminado asentando con fuerza entre nosotros, ello explicará por qué los historiadores no nos espantamos demasiado por lo que vemos a diario, pues, con el paso del tiempo, los cambios —razonables o no, inteligentes o torpes, necesarios o innecesarios— terminan a menudo en la cuneta. Sirve en efecto de muy poco la crítica a los problemas como si fueran los signos de los males del siglo, que exigen una rápida corrección; los excesos no se corrigen con el rápido enfado que a todos nos pueda sobrevenir porque algo no nos guste, sino con la lentitud con que se logra tener una buena enseñanza. Empezaré por mostrar una crítica a estos excesos en un artículo de la revista *Nuevo Mundo*, de 1908, donde muchos que parecían disparates se han terminado acomodando en nuestra lengua:

> Se ponen de acuerdo cuatro jóvenes bromistas, ¡y vengan penas!
>
> —Vamos a ver —dice el que pudiéramos llamar jaleador de la reunión—; ¿qué idea tienes tú, Atenedoro, de los *sanwiches*?
>
> —Pues deben ser unos apreciables salvajes de la parte derecha del África.
>
> —¡Ja, ja!
>
> Esta ignorancia de Atenedoro produce gran regocijo en el jaleador, que no comprende cómo un hombre que lleva

en Madrid más de dos años y ha concurrido siete veces a la última de Eslava, desconoce la existencia de esos pedacitos de jamón rellenos de pan por arriba, y por abajo, como dijo el clásico... poco clásico.

Llega la noche, y Atenedoro y sus amigos entran en el baile reflejando el gozo en sus semblantes. No ha dado el joven hortera cuatro pasos, cuando ¡zas!, una máscara con disfraz de pasiega le tira a la cara un puñadito de *confettis*, metiéndole dieciocho de ellos por los agujeros de la nariz.

—¡Cielo!—dice Atenedoro, al propio tiempo que se suena ruidosamente para extraer los papelillos de colores—. La mujer hermosa a quien hay que obsequiar con los *changuises*.

Y en aquel mismo momento comienza la conquista.

—Dime, mascarita, ¿te gusta el *vals* corrido?

—Una cosa regular.

—Pues agárrate de este brazo y lancémonos a sus voluptuosidades.

Atenedoro y la pasiega *valsean* y terminan por caer rendidos junto a un acomodador, que da dos cogotazos al joven calavera. Este cree que ha llegado el momento de poner en práctica el programa seductor e instala a su pareja frente a una mesa del *restaurant*.

—¿Qué quieres que tomemos?

—¿Hay cocido?

—No, mi vida; aquí solo hay ligeras fiambres.

El pobre Atenodoro desconoce palabras hoy de uso generalizado, como *sándwich, confeti, vals* o *restaurante*, todas ellas prendidas a una realidad nueva en la que parece como si la introducción de estos préstamos pusiera en peligro los cimientos de nuestra lengua y hasta de una civilización que ve diluirse su genio si sustituye el contundente cocido por *las fiambres*. Pero vamos a centrarnos en un campo concreto, novedoso por el tiempo en que se escribió el texto anterior, que es el campo del deporte.

La irresistible ascensión de *deporte* a costa de *sport*

Si hay un ámbito que muestre la entrada en avalancha —hubo maestros míos que me criticaron en su día el empleo de esta palabra, sinónimo de *alud,* tomada del francés a mediados del siglo XIX— de voces extranjeras, ese es el del deporte. Por ello algunos periodistas, como Carlos Miranda, en 1908, en *El Liberal,* criticaron las palabras que hacían referencia a nuevas formas de recreo de las que participaban unos grupos sociales privilegiados —o que aparentaban serlo—, con las que, en buena medida, buscaban su lucimiento. Entre ellas estaban las carreras de caballos, la vela, las competiciones de coches, pasando por la esgrima y llegando al boxeo, fútbol, gimnasia... Estas prácticas eran también el resultado de una idea más higiénica de vivir, preocupada por desarrollar las facultades físicas de las personas. Se empleó *deporte* en referencia a estas novedades entre higiénicas y recreativas que procedían fundamentalmente de Inglaterra; pero junto con él entró en escena el anglicismo *sport.* Eusebio Blanco cuenta en uno de sus «Cuadros madrileños» publicados en *Blanco y Negro,* en 1902, lo que a su juicio pensaría de las novedosas actividades deportivas el llamado pueblo llano:

> —Hombre, ya me están cargando a mí los periódicos con eso de *espor*... ¿Qué viene a ser eso?
>
> Así exclamaba el zapatero de la calle de Quiñones, harto de las cosas que no entiende.
>
> —¡Mire usté que es grande! —le decía a su vecino el noble tabernero de la esquina—. Toas las fiestas pasadas nos han estao contando que había una *gardenpartí,* y un *launtenís,* y un *fotoball*... y no ha habido una triste fiesta en español para los zapatos. ¡*Launtenís*!... Pero, ¿qué es lo que tenís? les preguntaría yo a los señoritos. To pa ellos, y pa nosotros na.
>
> El pueblo madrileño no entiende de *sports,* ni quiere saber lo que eso significa, porque él tiene los suyos y este verano se ha dado tres meses de ejercicios chulapescos o

> chulapones que constituyen la gimnasia barata del madrileño de pura sangre. No hay más que apartarse un poco del centro de la población para observar que no todo son *polos,* ni *tennis* o *tenis* como decía el otro. Y hay cada *garden-party* por la Ronda de Segovia que «enciende», como dicen los inteligentes. Claro que en ellas no figuran marquesas ni condesas, pero hay en ellas un señorío de pelo y medio que es una lástima no figure en los periódicos.
>
> Ellos tienen sus honestas diversiones, tan propias para el desarrollo del cuerpo como el *foot-ball* o el *carrousel* de los militares.
>
> En una palabra, el *sport* del pueblo es fácil, sencillo, limpia, fija y da esplendor y ganas de comer y sobre todo tiene nombre que todo el mundo entiende.
>
> —Diga usted, ¿qué es eso del *foot-ball*?
>
> —Pues mire usted, es un juego que consiste en darle patadas a una pelota grande...

La primera edición del diccionario académico, el *Diccionario de autoridades,* concebía el *deporte* como una forma de entretenimiento que implicaba la posibilidad de realizar algún tipo de ejercicio al aire libre; fue a mediados del siglo XIX, por influencia del uso que tenía *sport* en inglés, cuando se sacó de quicio el significado que tenía *deporte,* para dar entrada a una nueva manera de considerar el ejercicio físico.

Eso no quiere decir que en un principio la opción por *sport* (escrito de distintas formas) no fuera relativamente normal, según vamos a ver en algunos ejemplos tomados de la prensa, donde alternaba con *deporte.* A finales de 1876, encontramos en Benito Pérez Galdós algunas pistas para ver que *sport* no ha logrado aún abrirse paso por nuestra lengua:

> Saliendo de nuestra rutinaria existencia urbana hallamos una esfera de acción que reúne todos los encantos de la vida de la naturaleza, sin exigir un molesto alejamiento de la sociedad. Esta esfera de acción, que no tiene en nuestro

> idioma voz peculiar que la caracterice, es lo que los ingleses llaman *sport,* un conjunto de nobles ejercicios y de ocupaciones fuera de las ciudades, cuyo tumulto y agitación destruirían los organismos más robustos, si un instinto poderoso no impulsara al hombre a buscar en la naturaleza reparación a las fatigas que el comercio social ocasiona.

A la modernidad del préstamo le corresponde la actualidad que suponían estas prácticas deportivas, que era la condición que tenía Lola, tal y como nos la presenta un artículo de *Blanco y Negro* de principios del siglo XX: «Lola y Asunción, dos modernistas del último modelo: la primera aficionada al *sport,* a las excursiones, a los peligros; la segunda, a la lectura de novelas francesas y ambas educadas en un ambiente de libertad y desamor de lo más *chic* que pueda imaginarse».

Deporte y *sport* caminaron a veces juntos, como en el ejemplo siguiente de Manuel Ossorio y Bernard, en *La Ilustración Española y Americana* (1895): «los *ciclistas* o jinetes de este especial *deporte* o *sport*», o en este otro, de 1901, de *El Heraldo de Zamora*: «Los aficionados a los *sports* cuentan con uno más y rarísimo deporte»; pero lo normal es que *sport* se viera con más suspicacia que *deporte:* son a este respecto significativos juicios como el de José Fernández Bremón, en 1894, en *La Ilustración*, que se opone decididamente a su uso, o como el de Luis Taboada cuatro años después en *Nuevo Mundo,* quien al citar *sport* añade la apostilla «como ahora se dice», o el de Gonzalo de Reparaz, para quien, en 1895, *sport hípico* es una «frase modernísima». Aunque mucho antes, en 1878, un periodista se había referido a «la caza de la codorniz con red y con reclamo como pasatiempo deporte o, como ahora es elegante decir, *sport*».

Con todo, el uso de *sport,* con su plural *sports,* abunda en la prensa de aquella época: en *Nuevo Mundo, Blanco y Negro, ABC,* etc. Y se refiere tanto a lo que puede considerarse un oficio como a una ocupación de aficionados. En ambos casos designa una variedad de acciones que deja claro un artículo referente a la exposición de París de 1900, publicado en *Blanco y Negro,* para la que se prevé la construcción del *Estadio de Atenas,* un inmenso recinto:

> ... en cuya arena se jugarán todos los ramos del *sport* y los maestros de todos los *sports,* las celebridades más conocidas, vendrán a presentar los juegos y ejercicios que les han dado fama. Además, muchos otros que no se conocen en Europa, darán una completa idea de los distintos aspectos que tiene el *sport* en la humanidad.

Se incluyen entre los *sports* la equitación y el automovilismo, «que va adquiriendo cada día más desarrollo», «deporte precioso, aunque continúan los automóviles matando a sus propietarios». También el ciclismo, si bien «no hemos madrugado mucho en este *sport*». Ya en 1896 un amigo de Miguel de Unamuno, para animarlo a salir de una depresión, le recomienda que pasee en bicicleta y le desea «que tenga pocas caídas», en un momento en que se ha inaugurado el velódromo de Bilbao por el Club Velocipedista y en Salamanca el paseo de las Carmelitas se ha convertido en una especie de velódromo; pero al primer percance que tuvo con la bicicleta, cambió don Miguel definitivamente el ciclismo por el paseo.

Sport adopta incluso los sentidos figurados que le damos a *deporte* en la actualidad. Por ejemplo, la caridad se convierte en un *sport* para muchas mujeres, igual que coleccionar láminas fosfóricas o fosforescentes, asistir a los estrenos o casarse varias veces. Puede designarse como *sport* «la caza del pollo», que es una forma de referirse a la búsqueda de un joven para atraparlo y llevarlo al altar. Y hasta algunos señoritos parlamentarios parecen dispuestos a convertir «el Parlamento en un *sport* más, haciendo valer sus influencias para obtener un acta que les permita asistir al Congreso los días de sesión ruidosa, o matar allí el tiempo cuando se aburren en su *club*». Por eso Juan Pérez de Zúñiga se burla, en sus «Coplas de Ciego», en *ABC* (1903), de una de estas formas de deportes:

En París hay un *sport*
que comienza a tener fama
y en el país del *confort*
«de la escalera» se llama
según dice Rochefort.

Incluso sirve el *sport* para establecer estereotipos nacionales, tal y como explica Emilio Sánchez Pastor, en 1902, también en *ABC*: «... cada país tiene su *sport* característico: los ingleses se divierten a cachete limpio, los alemanes se atiborran a cerveza y los franceses inventan un baile todos los años para ir sustituyendo al antiguo y ya desacreditado can-can». Por entonces, tenemos ya bien establecida una voz de sentido opuesto al de 'ocio' que tiene *sport,* al que me he referido ya: el *negocio,* puesto que se puede «viajar por negocios o por *sport*» (*Nuevo Mundo,* 1902).

Igual que en la prensa, en los libros de aquella época encontramos ejemplos como el siguiente de Agapito Fernández, en *Lo castizo,* publicado en 1902: «¿Qué significan las bellas artes, ante los modernos *sports* de la fuerza?», o este de la *Medicina Social* de Alfredo Opisso: «igual peligro corren los que se dedican con exceso a los *sports*». Con mucho más empaque, Miguel de Unamuno había escrito en una carta, en 1985, a un su amigo: «La mitad de lo que llamamos ciencia es *sport,* diletantismo y aun snobismo».

Fueron los mejores días de *sport,* cuyo uso fue poco a poco ahilándose, es decir adelgazando, hasta quedar reducido a un empleo residual, restringido en la actualidad a casos como «traje de sport» o «vestir de sport».

Sportsman, el derivado más firme de *sport*

Antes de perderse la voz *sport* ocupó, como hemos visto, un cierto espacio, amparada además en unos cuantos derivados que la acompañaron durante su vida. Empezando por el adjetivo *sportivo,* que se combinaba con varias palabras: *comité sportivo, mundo sportivo, club sportivo, lenguaje sportivo, periódico sportivo, fiesta sportiva, notas sportivas.*

De *sport* surge también el derivado *sportista;* pero goza de más fuerza *sportsman,* con distintas variantes: *sportman,* quizá la más usual, *sporman* (que emplea Emilia Pardo Bazán, en sus artículos de prensa), e incluso una forma disparatada de singular, *sportmen.* Esta variedad de formas es prueba de sus dificultades de integración. Junto a ellas existió el femenino *sportwoman*, que es como titula Cecilio Pla una de sus páginas femeninas de *Blanco y Negro.* Si en el singular de *sportsman* hay problemas, estos subsisten en el plural, donde la inseguridad en su representación es manifiesta: *sportmans, spormans, sportmen, sportmens* y *sportsmen,* hasta un *sport's men,* que Manuel Ossorio y Bernard, en *La Ilustración,* en 1895, explica (!) como «deporte de hombres». Hay incluso un equipo deportivo que se llama *Sportmen's.*

Digamos, de una manera incidental, que este sufijo en *-man,* anómalo en español, se abre paso por las páginas de la prensa finisecular, sustentado en la voz *gentleman,* sobre la que gravitan otras palabras más de vida efímera registradas en las revistas de la época, como *policeman, clergyman*, *recordman, yachtsman, clubman* y *racingman,* con sus plurales, que tratan de reproducir de distintas maneras la forma inglesa, desde el curioso *gentelemens* a los más lógicos: «jueces y *policemen*» (que emplea Ramiro de Maeztu en 1907), *recordmen, yachtsmen, yachtmen, clubmen* y hasta *riflemen,* con femeninos del tipo *yachtwomen.*

Pensemos quienes nos escandalizamos con tantos *-ing* y *-al* en la lengua actual, a lo que me referiré un par de capítulos más adelante, en la poca firmeza de las modas, fijándonos en esta vía formativa en *-man* que hemos visto abierta a algunos préstamos, pero que finalmente no ha llegado a cogüelmo —no se me asuste el lector por este salmantinismo—, salvo para casos lexicalizados como *recordman* 'persona que ha obtenido una marca deportiva' o *clergyman* aplicado precisamente a un tipo de traje eclesiástico —que parecería diseñado para Miguel de Unamuno— con el que muchos clérigos sustituyeron hace unos cuantos años la sotana.

Volvamos a la palabra *sportsman* para explicar que no se trata de un riguroso sinónimo del *deportista* actual, pues designa también a los aficionados al deporte, no solo a los que lo practican. Así se utiliza para el amante de los toros o de las competiciones hípicas, frecuentadas por «legiones pintorescas de *sportmans* de ambos sexos, que invaden, siempre que hay carreras de caballos, las *tribunas* de verdadera *libre circulación* sin billetes ni contraseñas, y se pasan la tarde ocupando las crestas y los desmontes del Hipódromo, mojándose cuando llueve, riéndose cuando el sol reverbera, y cazando catarros y pulmonías cuando el Guadarrama abre sus cuadras y echa los caballos sobre la pista» (*Nuevo Mundo,* 1896).

El significado de *sport* no correspondía exactamente al que damos en la actualidad a *deporte,* pues aquella voz era símbolo de lo caballeroso, incluso de lo bondadoso, casi como una religión, en la que había una ética consistente en hacer juego limpio, rechazar las injusticias... Del mismo modo, a la condición del *sportsman* se le atribuían algunas cualidades referentes a la cortesía, sencillez, mesura y generosidad extrema; de forma que designa a las personas que disponen del llamado espíritu deportivo, capaces incluso de saber perder. Se trata de esas connotaciones positivas que han quedado en una idea del deporte que encuentra su mejor expresión en las siguientes palabras de José Ortega y Gasset: «La física empieza por la música —otro ejemplo de deportismo—. Lo superfluo antes que lo necesario y útil —el arco musical antes que el de caza y este antes que el de guerra—».

Esta idea *deportiva* de Ortega no ha sido de común aceptación; sin necesidad de traer aquí a colación la radical oposición que muestra Antonio Machado con respecto a este,

Gregorio Marañón sostenía que «el deporte, además de tener virtudes innegables para la salud, estaba teniendo un efecto nocivo sobre las jóvenes generaciones al ser considerado como sustitutivo del trabajo y no meramente como juego recreativo», e incluso este universo de lo deportivo llega a estar teñido de cursilería, como la que le encuentra Miguel de Unamuno, en un artículo del año 1900, «Deportismo en política», en coincidencia con Pío Baroja, que caracteriza en *El mundo es ansí* a un personaje de la siguiente forma: «Siempre se distinguió el joven Velasco como elegante y como *sportsman;* muchacho rico, hijo de cosechero riojano, gastó dinero en abundancia, ensayó varias carreras y deportes y, por último, decidió ser pintor». No sorprende que el austeramente castellano don Santiago Alba no viera en este moderno *sportsman* a que se hacía referencia en la prensa más que a un ser superficial, incapaz de meterse por los vericuetos de su Castilla.

La manera unamuniana, barojiana y albense de dar la vuelta al significado apolíneo de esta voz puede servirnos para preguntarnos por las virtudes que adornarían a un «conocido *sportman* señor Rodríguez», de cuyo regreso a Madrid da cuenta *Blanco y Negro* en 1900; aunque sí debía tener, al menos, el mérito de la elegancia, que en otro caso se le reconoce explícitamente a «un cumplido y elegantísimo caballero» que concurría a las carreras entre los más distinguidos *sportsmen* (en esa misma revista en 1902). Esto, en lo que no hay distinción entre los paisanos y los militares, se conoce a simple vista: «por la distinción de las maneras y por la elegancia con que una persona viste», que a veces podía exigir un atuendo especial, incluso al pasear por los Jardines del Buen Retiro, con un «buen *smokin,* su magnífico chaleco blanco y su elegante *macferlán*» (*Nuevo Mundo,* en 1898). Puede bastar, pues, con la vestimenta para que alguien se atreva a pasar por un *sportman,* como se había dicho algún año antes, en *Blanco y Negro:*

Pero a mí si me dejaran
en la tribuna de pago
y tuviera yo levita
y un par de botines blancos,
alternaba yo con todos
los *spormans* de más rango.

No es fácil saber qué otras «altas prendas» se acumulan para que en una nota necrológica pueda decirse de alguien que fue un «*sportsman* distinguido en los más aristocráticos salones»; aunque debía suponer un enorme esfuerzo atender a estas cualidades con dedicación exclusiva, como la que tuvo, según leemos en otra nota necrológica, alguien que era el «tipo de aristócrata a la moda, con un aire inglés, aficiones francesas y el *sport* en sus varias manifestaciones por ocupación única». Sin embargo lo normal era completar estas virtudes con otras más importantes, sin las que ser un *sportsman* resultaba un adorno poco relevante. Se trataba, en efecto, de un aderezo que completaba los que a buen seguro adornaban a los banqueros o al barón Hirsch, excelente tirador, cuyas «ganancias en las carreras de caballos las dedicaba a fines caritativos», o los que se le atribuían al Kaiser.

Hasta se podía en esta condición —¡ay!— tener los pies de barro y terminar pervirtiéndose, como se explica en 1904 en *ABC:* «hoy la brutalidad y la estupidez, mejorando el medio en que viven, se han alojado en las clases distinguidas, y hay cada *sportman* y cada señorita linajuda pervertidos de alma y cuerpo más que en las últimas clases sociales»; unos pies de barro que Miguel Delibes atribuyó a la mayor parte de este espécimen del *sportman,* «como se decía a comienzos de siglo», al caracterizar con este título al «señorito ocioso dado a los deportes».

Ni *sportivo* ni *sportsman* han prendido en español, de forma que se ha difuminado su cuerpo juntamente con su espíritu y han terminado, igual que *sport,* por desaparecer, sustituidas por *deportivo* y *deportista;* con lo que se le ha dado la espalda a Miguel de Unamuno, que era partidario de *deportero* y *deportismo*. Esta desaparición la explicó ya hace tiempo Eduardo Haro Tecglen como resultado de la «cacería de palabras anglofrancesas durante el franquismo, de forma que, ahora, lo que decimos es "el distinguido deportista Urdangarín"»; pero la enfermedad que aquejó a estas palabras viene de mucho antes. Estos cadáveres, guardados en el armario, permiten recurrir un día a ellos con la misma ironía con que lo hace el novelista mexicano Jorge Ibargüengoitia cuando escribe: «Mi querido esporman, recuerda que soy un apátrida». ¡También para la ironía sirven las palabras desusadas!

Mientras ocurrían estas cosas ha ido asomando la cabeza *atleta,* cuyo significado no he de explicar a nadie, salvo en el hecho de que al principio se refería a aquellos deportistas que habían de hacer un esfuerzo desmesurado, propio de quienes se dedicaban al boxeo o de la gente de circo, tal y como lo explica Eduardo Zamacois, en 1912, en la revista *Por Esos Mundos*.

Clases de deportes

Del *deporte* o *sport* forma parte la *gimnasia,* introducida en nuestra lengua, en el siglo XIX, junto a la forma *gimnástica* (que usaba aún Unamuno y de la que le prevengo al lector me serviré más adelante, por ver si le sorprendo con ella), consecuencia de las ideas higienistas de la época, que pretendían mejorar el estado de las personas; disfruta, por tanto, esta voz de todas las connotaciones positivas. Aunque se puede matizar, como hace la condesa de Pardo Bazán, en la revista *España Moderna,* en 1895, diferenciando entre «los ejercicios corporales, desde la gimnasia higiénica y la gimnasia atlética al más reciente capricho del moderno *sport*», término que para ella abarcaba la «esgrima, el tiro al blanco y la equitación», muy apropiados para un *sporman*. Y Luis Taboada, en la revista *Nuevo Mundo,* en 1898, se fija en la conveniencia de esos ejercicios corporales que se conocen como gimnasia, ya que «ahora que hay guerra es cuando se nota, pues la mayor parte de los yankis aprenden gimnasia desde que se les despecha» (retengamos para más adelante este *despechar*); se entiende por ello la obsesión de muchos padres, que «en cuanto llegan sus hijos a tener uso de razón los llevan al gimnasio y les estiran bien las articulaciones».

Se congratulan los periodistas por el aumento en España de la afición a los *sports atléticos,* designados también *ejercicios,* que es la palabra que ha terminado por especializarse en este uso: «la afición aristocrática a los ejercicios atléticos». De Inglaterra, donde se desarrollaban al aire libre, a mediados del XIX, así como de Francia, se extendieron a España. La *Memoria dirigida a S. M. para mejorar la condición física y moral del pueblo español,* escrita por don Juan de Olavarría, publicada en 1834, propone que los colonos de su proyecto educativo «se iniciaran en los principios razonados de la religión y la moral, la lectura, la caligrafía, la aritmética general, los elementos de filosofía natural, el canto, la gimnástica y la higiene». Y algo debieron prender en la sociedad estas prácticas cuando cuenta mi bisabuelo en sus memorias que a Monleras, un pueblo situado al oeste de Salamanca, les llegó la noticia de la revolución septembrina de 1868 el uno de octubre, con tres días de retraso, y, «bien por estar ya vencido el día o porque no hubo agitadores, siguió el pueblo en estado normal, hasta el punto de haberse celebrado ejercicios gimnásticos aquella noche, a los que asistió el pueblo sin alteración».

Esta relación a la que me he referido antes entre la *higiene* (otro término que entra en el siglo XIX, aunque al principio en la forma *higinia*) y la *gimnasia* origina la creación de una serie de voces de distinta procedencia para la nueva realidad de los deportes atléticos. Junto a los tradicionales, como el *pelotarismo*, es decir, el juego de pelota (por entonces a punto de perecer), la lucha canaria, los bolos, las regatas tradicionales, el deporte cinegético o la caza, el tiro de pichón, la pesca de caña, surgen otros novedosos —y con ellos las palabras que los designan— como el *pedestrianismo* (carreras y saltos), el lanzamiento de disco, las carreras de yates *(yatching)* o las de los dirigibles, el automovilismo, el ciclismo o *velocipedismo,* la equitación o hípica (que de distintas formas se había practicado en nuestro país, uno de «los ejercicios o *deportes,* como ahora se dice, más higiénicos y más recomendados, la equitación es hoy un deporte —repitamos la palabra— muy en boga»), el polo, la *gymkhana,* el *hockey,* el *lawn-tennis,* el *foot-ball,* el *rugby,* el *cricket,* el *croket,* los deportes de nieve (que dan lugar a la utilización de nuevas palabras, como *esquís, trineos* o *patines*), el alpinismo, el excursionismo, el boxeo o lucha, el *jiu-jitsu.* Aparece a principios del sigo XX el *footing,* voz con apariencia inglesa, sin serlo, que comenta así Mariano de Cavia: «se ha convertido en un deporte de los más elegantes, con su correspondiente nombre en inglés para mayor distinción y necedad. Se llama el *footing*».

La euforia por estas prácticas explica las bromas que aparecen en la prensa de finales del siglo XIX, por medio de referencias a «nuevos» deportes disparatados como «cazar caracoles con bicicleta», que podría ampliarse a la caza de caracoles con automóvil o a participar en una competición o en un certamen de sombrillas, o a aprovechar las aceras movibles, instaladas en la Exposición Universal que se celebrará en Francia, «corriendo en sentido inverso al de la acera, y manteniéndose uno siempre en el mismo lugar del espacio». Esto último era una premonición de un artilugio que existe hoy en los gimnasios, para correr o andar con viveza sin moverse del sitio. Pero, bromas o no, era irremediable que los deportes terminaran prendiendo entre nosotros. Y ellos obligan a actualizar con nuevos valores el significado de una serie de palabras como *diversión, distracción, ocio, juego, pasatiempo, recreo, afición, ejercicio* y hasta *espectáculo.* Tenemos ejemplos referidos a la mera *diversión* a propósito del fútbol o del boxeo. Como *distracción* hay referencias a la pesca del atún. Se ve como *ocio* la caza; y como un *juego* el tenis o los bolos; aunque la caza se concibe también como *pasatiempo* y con ella la «bicicleta, tiro, carruajes y demás menudencias del *sport*», pues, al fin y al cabo, los deportes son «pasatiempo de destreza y agilidad». La fotografía se toma como un *recreo* y una *afición,* condición que explica por qué puede considerarse como un deporte:

> No hay en nuestra sociedad
> un *sport* que tenga hoy día
> tanta popularidad
> como la fotografía.

Se ve el *deporte* también como un *ejercicio,* más precisamente como un *ejercicio higiénico,* que asegura «ese sano vigor de la raza», en el que existen distintas especialidades, como las practicadas con esquíes y trineos, el *foot-ball,* el ejercicio del remo, o los ejercicios atléticos y corporales, aplicados a la gimnasia. Finalmente el deporte se considera, como en la actualidad, un *espectáculo,* como es el caso del boxeo, de los deportes canarios, de las carreras de caballos, del *hockey* y hasta de las corridas de toros.

¡Llega, por fin, el *fútbol*!

El *foot-ball* se convirtió en el deporte rey en cuanto la gente se atrevió a pronunciar la palabra, como dice un periodista a principios del siglo XX, «aunque sea con cierto sonsonete nasal y despectivo que nos cae muy bien a falta de otra cosa». Tiene —el deporte y el nombre que lo designa— origen inglés, en el que —visto desde una perspectiva irónica—, tanto entre los yankis como entre los británicos, las «personas de buen tono se reparten coscorrones, puñadas y coces con gran coraje». En esos primeros años de siglo leemos en la prensa que «poseemos ya verdadera habilidad» en este deporte y Luis Zozaya señala que se ha aclimatado rápidamente entre nosotros, si bien me sorprende —no sé si por lo ajeno que estoy a estas cosas— que el número de jugadores pudiera variar de 11 a 15. Pronto «el *sport* del *foot-ball* va adquiriendo en España un desarrollo extraordinario», forma, *foot-ball,* con la que, todavía en 1923, se refiere a él don Miguel de Unamuno.

Claro está que a todo se le pueden terminar encontrando antecedentes. Felipe Pérez González cita, en 1908, en *Blanco y Negro,* el siguiente diálogo de Rodrigo Caro, *Días geniales o lúdicros,* escrito a principios del siglo XVII:

> D. PEDRO.— Yo he leído en las historias de las Indias que aquellos bárbaros juegan a la pelota desnudos y la recogen con el cuerpo, y vuelven con los muslos y espinillas y otras partes del cuerpo que a todos nos parecen ineptas para aquel ministerio.
> D. FERNANDO.— Mucho más es volver la pelota con la planta del pie, y con todo eso hubo en la antigüedad quien lo hiciese. Así lo dice Manilio en el libro *V. Astronómica:*
>
> > Diestro aquel en volver con diestra planta
> > la pelota que huye, compensando
> > con los pies el oficio de las manos...

Pero volviendo al presente desde el que escribía Felipe Pérez González, fijémonos en algunos términos propios del fútbol que unas veces coinciden con los actuales y otras no: se juegan los *partidos* —para Unamuno *partidas,* término que hoy reservamos para el ajedrez—; el *team* alterna con el sinónimo *bando* y con *cuadrilla,* pero no con *equipo*. El verbo para 'competir' es *luchar* o *jugar*. Uno puede *ensayarse* 'entrenarse' al *foot-ball*. Quienes participan en el juego son los *jugadores,* uno de los cuales es el *portero* o *goal keeper*. Todos ellos compiten en el *campo de juego* o en el *terreno* (en el que los equipos eligen *campo* a suertes, aunque *campo* puede designar también al equipo que lo ocupa), para lo que al principio se solían habilitar los hipódromos. Tienen los partidos dos *tiempos,* entre los que media un *descanso*. Se *hace goal* y el lugar en que se *mete el goal* (que *se apunta* quien lo ha metido) es la *puerta* o *but*. Los jugadores *lanzan* la pelota o el balón, aunque lo coloquial sea *pegar puntapiés a un ballon*. Los límites del terreno son las *líneas de juego*. El equipo que gana el partido es el *campeón*.

No se llegó al termino *fútbol* sin haber lanzado antes algún penalti contra la palabra, como el que disparó en 1908 Mariano de Cavia, proponiendo castellanizar la voz inglesa *foot ball,* traduciéndola al pie de la letra en *balompié,* con el fin de dejar de lado el extranjerismo. La propuesta tuvo su éxito, pues hay varios equipos, fundados más o menos por la misma época, en cuyo nombre completo figuraba la palabra *balompié:* Real Betis Balompié, Albacete Balompié, y llegó a servirse de esta voz don Pantuflo, padre de los hermanos Zipi y Zape, aquel patilludo personaje de las historietas que dibujaba Escobar en *El Pulgarcito* de los años cincuenta. En ese año de 1908 encontramos algunas discrepancias con Mariano de Cavia, como la de Carlos de Miranda, que prevenía al lector de que para evitar el mal del anglicismo se caía en otro mal no menor, pues *balón* era un extranjerismo naturalizado en España cuyo «arranque etimológico estaba en el *ballon* francés»; a lo cual Felipe Pérez y González replicaba dando ejemplos antiguos de *balón*, referido a una pelota de gran tamaño. Ello le quitaba a Carlos de Miranda uno de los escrúpulos que hubiera tenido para adherirse a la idea de Mariano de Cavia, pues le quedaba otro: que la palabra *fútbol* «hubiera arraigado», pues en ese caso «no hubiera visto inconveniente en aceptarla, como hemos aceptado *interviú, vodevil, yanqui,* y otras muchas». Terminaba, sin embargo, el periodista optando por «juego del balón con los pies», resumido en *balompié*.

Fue este, curiosamente, el camino que se siguió en *baloncesto* y en *balonmano.*

En cuanto al instrumento imprescindible para desarrollar este juego, se acudió finalmente a la voz *balón* porque las cosas se le habían puesto difíciles a *pelota,* al existir un tradicional *juego de pelota,* que obligaba a dar un rodeo para designar el *fútbol* como «juego de pelota manejada con los pies» o «pelota para jugar con los pies»; aunque un periodista, buscando una traducción literal (!) del anglicismo, acortó el sintagma en *pie pelota,* porque «consiste la diversión, en jugar a la pelota, con una pelota de gran tamaño, naturalmente, con los pies», que no prendió y no llegó, por tanto, a convertirse en el término normal.

En todo lo anterior se habrá percibido cómo una cantidad de nuevas palabras que surgen en un momento determinado nacen ya condenadas a su desaparición, como si se tratara de mariposas fugaces. No sería necesario retrotraernos tan lejos como acabo de hacerlo a propósito del léxico deportivo. Más cerca de nosotros, todos los porteros de los años sesenta-setenta eran *cancerberos,* y creo que ya no lo son (quizás por eso les cuelen más goles); en un tiempo fueron *arqueros*, que oí por primera vez en Chile, y por ahí ha andado mucho tiempo *guardameta.* Le recomendaría al lector más adelante, si se acuerda aún de esto, que tratara de ver la historia de estas palabras en estos veinticinco últimos años acudiendo a algunos medios de búsqueda a los que me referiré en su momento. Él mismo verá entonces que puede ayudarme en esta tarea que yo ahora no tengo tiempo de afrontar, cuando he de conformarme sencillamente con darle a entender la labilidad de los usos en materia de léxico, por medio de la voz *orsay,* que me parecía iba a durar eternamente y hoy la veo desbancada por *fuera de juego.*

Si han desaparecido algunas voces referentes al deporte que en tiempos estuvieron muy extendidas, no digamos nada de las que inventamos cada uno de nosotros en la familia, entre los amigos, en nuestro lugar de trabajo... Tienen esa condición que podríamos llamar de consumo provisional, pues normalmente cuando hablamos no lo hacemos —aunque muchos lo pretendan— *urbi et orbi,* desde nuestro despacho a todo el territorio del español; lo normal es que tratemos de salir del paso, como podamos, en tantas ocasiones en que hablamos.

Cierro con un largo terminar

No debiéramos pasar por alto la provisionalidad de tantas elecciones lingüísticas originadas por la moda; lo efímero de tantos errores como surgen a diario, a causa de la inercia, de la pereza o sencillamente de la incultura. No debiéramos hacerlo porque no es la equivocación el mayor peligro para nuestra lengua, sino la persistencia en ella. Incluso cuando el diccionario académico termina por adoptar, como lo ha hecho en la última edición (de 2001), voces como *airbag, camping, catering, fondue, footing, glamour, show* o *yanqui,* vistas la mayor parte de ellas como extranjerismos crudos, no todas terminarán siendo digeridas por la lengua. Ha habido algunas que, en cambio, se han instalado cómodamente en ella, no solo en el ámbito deportivo, como hemos visto, sino en el de la vida cotidiana. Fijémonos en *mitin,* voz a la que se refiere Antonio Sánchez Pérez, en un artículo publicado en la *Ilustración Española* (1895), a propósito de un determinado tipo de reuniones, a las que treinta años antes: «todavía no las nombraban *meetings*»; con esta misma grafía la emplea ese mismo año Ricardo Becerro de Bengoa, para comparar la formalidad de las reuniones de los demócratas, tras la muerte del archiduque Alberto, celebrando en Viena «doce grandes reuniones, simultáneamente convocadas para exigir al Reichsrath que abra el período de las reformas electorales definitivas», con otro tipo de reuniones: «con los alardes de ruido y de propaganda desenfrenada que en los *meetings* se despliegan, produciendo hondo efecto en los elementos políticos de la corte Imperial»; y también en 1899 y 1900 en la revista *Blanco y Negro,* a propósito de los mítines celebrados en los dos últimos años pidiendo la revisión del proceso de Montjuic, o los que tenían lugar como respuesta a las manifestaciones antijudías, o los que convocaban los repatriados de Cuba para que se les hiciera caso en sus pretensiones, es decir, «que les satisficieran sus alcances». Hasta Rafael Toromé, en *Blanco y Negro* (1900), se lanza al ruedo de los ripios para espetarnos:

> Somos, pues, los españoles
> lo mismo que las botellas,
> que en cuanto se ponen juntas
> al menor choque se quiebran.
> En todas las reuniones
> *meetings*, juntas o asambleas,
> indica nuestro carácter
> su frágil naturaleza.

A principios del siglo XX, el anglicismo se va poblando de pelo de la dehesa y se presenta con un aspecto español en la forma de *mitin;* precisamente en 1903, también en *Blanco y Negro* se nos explica que «Las cosas han llegado ya a un extremo tal que en Jerez, ¡en el propio Jerez de la Frontera! se celebró días pasados un *meeting* o *mitin,* como decimos ahora, en demanda de agua». Desde entonces va poco a poco imponiéndose *mitin* a *meeting*, hasta llegar a la situación actual, si bien, por mucho tiempo el plural más común fue *mitins;* en la misma revista nos encontramos en 1903 con una referencia a un mitin de obreras, asesoradas por Pablo Iglesias, en el Retiro «en el cual reinó orden completo, para que no pueda decirse que allí donde hay mujeres el barullo es seguro». ¿Por qué poner en duda que se iba a hacer ordenadamente? Y como con *mitin* ocurre con *confortable:* recorre un largo camino que va desde que un José María de Pereda escribe, en *Peñas arriba*, *confortable* en cursiva —mientras lo criticaban los puristas—, cursiva que continuaba manteniendo Moreno Villa para *confort* en sus impresiones sobre Nueva York; luego, desde que entra en 1927 en el *Diccionario manual* de la Academia, continúa confortablemente hasta esta época nuestra de recortes en que nadie querría perder el confort.

A pesar de tantas cautelas para no abusar de las metáforas, me dejaré llevar una vez más por una de ellas, que me lleva a dotar de vida a nuestra lengua, para referirme a las graves enfermedades que la amenazan, según oigo decir por todas partes. Insisto en que la enfermedad que me preocupa es la falta de interés que muchos de sus hablantes muestran por ella, no la justificación para darse a la caza y captura del gazapo, de la equivocación que nos acecha a todos. Entre estos «errores» uno de los que se reputan como más grave es la permanente invasión de préstamos, tanto como para hacer perder los estribos al español. Resulta absurdo pensar que las lenguas no se han de contaminar las unas de las otras o ver un problema en lo que puede ser una virtud: precisamente esa mezcla de lenguas, cuando se realiza con sentido común. No le ha venido mal al inglés haberse impregnado tan fuertemente del francés —del latín en última instancia—, para que nos resulte más accesible que el alemán a quienes hablamos una lengua románica. Y no creo que nadie se atreva a considerar al inglés una lengua de segunda o —si las comparaciones no fueran no solo odiosas, sino improcedentes— una lengua peor que la nuestra.

Un purista puede ocupar su ocio en una permanente cruzada para evitar que la pérfida Albión destroce nuestra lengua, invadiéndola con términos ingleses. Samuel Johnson, en el prólogo a su diccionario inglés, en 1755, escribía que: «cuando una costumbre cae en desuso, las palabras que hacen referencia a ella desaparecen con ella también», pero junto a esas realidades que se pierden surgen otras nuevas a las que bautizar. Hace sesenta años no existían referentes a los que se refieren palabras como *fax, ordenador* o *computadora, correo electrónico* o *e-mail, vídeo* o *video, teléfono móvil* o *celular,* los *multimedia* o las *autopistas de la información,* ni resultaba posible celebrar *videoconferencias,* ni se podía financiar la adquisición de un coche por medio del *leasing.* Por entonces yo, niño con un pie en la ciudad y otro en el campo, distinguía lo que era *binar* de *escardar* o *rozar* (no estaría de más que el lector consultara un diccionario para encontrar en él el significado de estas voces, si no lo conoce), como me llevaba algún coscorrón al jugar peligrosamente con un *bieldo* con que se daba la vuelta a la *parva.* Y ahora me cuesta mucho enterarme de qué es una *app* o aplicación informática para un *iphone* o para un *tablet,* en qué consiste el *cloud computing* 'computación en la nube' o el *outsourcing* 'externalización'.

Podemos añorar todo lo que queramos aquella realidad campesina de los años cincuenta, pero decididamente no es la de muchos españoles, que no comprenden la mayor parte de algunas palabras anticuadas que acabo de citar; pero no podemos andarnos con bromas y luchar como titanes con nuevos procesos de composición como este del *e-mail.* Ganamos algo con llamarlo *emilio;* pero es mucho lo que perdemos distanciándonos de cómo se designa en la mayor parte de las demás lenguas. Ni siquiera aquellos a quienes no nos tienta la curiosidad de leer un *blog* porque preferimos conversar a distancia con los libros a nuestra manera, sin imposiciones de la inmediatez, podemos librarnos de estos nuevos caminos que día a día se agrandan. Para recorrerlos necesitamos disponer de nuevas palabras, de las que al final no todas lograrán subsistir.

IV
PALABRAS Y ESQUEMAS DE PALABRAS

Menudean las ocasiones en las que me preguntan cuántas palabras contiene el español, y suelo responder que el diccionario de la Academia acoge unas ochenta mil y pico. Es una de esas respuestas hechas contra reloj y para salir del paso en tantas ocasiones en que un periodista acude al teléfono para que le expliquen algo en dos minutos. ¿Cómo decirle en ese tiempo que junto a lo que normalmente entendemos por palabras: *comer, bonito, mujer, en*, etc., existen otras muchas posibilidades que no podemos pasar por alto, como las nuevas «palabras» que se forman combinando varias entre sí; *en vilo,* o *a deshora,* o *de rompe y rasga*? Y ¿cómo añadir que existen otras opciones para acuñar palabras por nuestra cuenta, que pueden desaparecer inmediatamente después de haberlas hecho entrar en el caudal de la lengua, o prender y encontrar acomodo en él, si se dan las condiciones necesarias?

Contamos para ello con un mecanismo muy sutil heredado del latín, instalado dentro de las entrañas de nuestra propia lengua, que consiste en una serie de reglas por medio de las cuales aplicamos a las palabras diferentes sufijos o prefijos, o juntamos unas con otras. Ampliamos de ese modo nuestro léxico: así, si disponemos en español de *laboral,* aplicado a lo que se relaciona con el trabajo, como ocurre con los *riesgos laborales,* podríamos utilizar esa misma voz para referirnos a los días en que se trabaja; pero por medio de los *días laborables* llegamos a hacer la precisión de que son aquellos en que se puede trabajar. Una diferencia en apariencia mínima cambia completamente el significado: 'en el trabajo', frente a 'en que se puede trabajar'; una diferencia que podemos perder a poco que nos descuidemos, como ocurre en un *comic* de Mike Mignola, donde leemos que un castillo «está deshabitado desde tiempos inmemoriables», en lugar de *inmemoriales,* pues la tradición nos lleva a referirnos a los tiempos a los que no llega la memoria, no a los que no podría llegar esta. Del mismo modo, sabiendo qué significa *federación*, si uno encuentra en la prensa *federalización* («avanzar en la federalización»), aunque no esté en el diccionario, no tendrá ninguna dificultad para engancharlo al adjetivo *federal.*

De cosas como estas se ocupa una disciplina que se conoce con el nombre de *morfología,* que estudia cómo se forman unas palabras a partir de otras: así, que la combinación entre *espantar* y *pájaro* ha dado lugar a la nueva palabra *espantapájaros;* igual que *lechero* se ha forjado añadiendo a *leche* el sufijo *-ero.* Esta palabra *morfología* se ha construido, como muchos términos científicos, contando con dos componentes griegos (en algunos casos, a través del latín): el primero de ellos es el sustantivo *morfé* ('forma'), que encontramos en *amorfo* 'sin forma', *polimorfo* 'con muchas formas', *metamorfosis* 'cambio de forma'; el segundo componente es *-logía* ('ciencia'), como en *sociología, filología* o *espeleología.* La suma de estos dos componentes en *morfología* da lugar al significado 'ciencia que atiende a la formación de las palabras'.

Hasta ahora he traído a colación algunas cosas presentándolas como que se nos vienen encima: así he actuado con los neologismos, o con las palabras que interfieren sobre otras, o con las combinaciones que se dan entre ellas; ahora, le pediría al lector que se atreviese a moverse con menos pasividad deteniéndose un poco más en lo que vaya encontrando, que lea dos veces lo que le resulte un poco más difícil y que se implique decididamente tratando de ver cómo se aplican algunas reglas de formación de palabras, hasta que se atreva a aplicarlas él mismo. En fin, me atrevería a decirle lo mismo que decía un profesor que preparaba a los agentes secretos de la India en una novela de Vikram Chandra, que he citado ya y voy a continuar haciéndolo a lo largo del libro, que «la capacidad de percibir el método, el orden, el plan, es el mayor talento que un agente del servicio de inteligencia puede poseer». Algo de agentes secretos con respecto a la vida de las palabras hemos de tener, menos interesados en si estas sirven o no en las largas partidas de *apalabrados* —ese nuevo *scrabble on line* que tanto distrae a quienes me rodean— que en entender las razones mismas de la vida que llevan en la lengua.

Las palabras se multiplican

Cuenta, en efecto, nuestra lengua, como todas, con una serie de medios para formar las palabras; aunque se abran en ellas de vez en cuando algunas grietas, explicables por los cambios que han tenido lugar a lo largo de su azarosa historia: bien porque se mezclen las reglas del pasado con las del presente, bien porque los hablantes las interpreten mal y las alteren con sus equivocaciones. Tenemos, pues, junto a las «palabras reales» alojadas en nuestro cerebro, otras muchas posibles o, mejor, unos esquemas de palabras que nos sirven para multiplicarlas indefinidamente por medio de unos sufijos que sometemos al filtro de unas cuantas reglas.

Para entender el funcionamiento de estas reglas vamos a mostrar algo que se percibe en ellas de distinta manera, en un par de idiomas inventados. En uno de ellos un satanista que se asoma en las páginas de *El cementerio de Praga* de Umberto Eco pronuncia: «Sagrapim melanchtebo rostromouk eliasphigt». Difícilmente podríamos, a primera vista, atribuir estas voces a una lengua determinada; cosa que no ocurre, en cambio, con la escena que construye Julio Cortázar en un capítulo de *Rayuela* donde nos las vemos con unas cuantas palabras inexistentes, pero que aparentan ser españolas, pues mantienen las estructuras sintácticas, morfológicas y fonéticas de nuestra lengua:

> Apenas se entreplumaban, algo como un ulucordio los encrestoriaba, los extrayuxtaba y paramovía, de pronto era el clinón, las esterfurosa convulcante de las mátricas, la jadehollante embocapluvia del orgumio, los esproemios del merpasmo en una sobrehumítica agopausa. ¡Evohé! ¡Evohé! Volposados en la cresta del murelio, se sentía balparamar, perlinos y márulos. Temblaba el troc, se vencían las marioplumas, y todo se resolviraba en un profundo pínice, en niolamas de argutendidas gasas, en carinias casi crueles que los ordopenaban hasta el límite de las gunfias.

Ulucordio, clinón, mátrica serían sustantivos; *entreplumar, entrecrestoriar, extrayustar,* verbos; y *jadehollante, sobrehumítico* y *argotendido*, adjetivos. Se trata de unos moldes en que se asienta bien la masa con la que se cocinan las palabras españolas, no las rusas o las francesas. Por eso al leer un hispanohablante el pasaje de Cortázar experimenta la misma sensación que cuando no logra oír bien, o escuchar, si lo prefiere, lo que alguien está diciendo, pero no tiene la menor duda de que eso es español.

Esta creación de Cortazar es del tipo de las que construiría un personaje de la novela de Alexandra Marinina *Asesino a su pesar,* que ya he citado antes: se trata de Bokr, un preso que llevaba como podía su condena inventando palabras sin significado, con las que construía un relato. Había aprendido la morfología del ruso, seducido por la idea del lingüista Lev Scerba, quien se preocupó por las posibilidades de adentrarnos por las entretelas de una lengua sin necesidad de saber el significado de sus palabras. Basta con que conozcamos sus esquemas formativos. No necesita el lector tanta pasión como ponía este maleante seguidor de Scerba, para participar conmigo en esto que querría que fuera más un juego que un catálogo de riesgos que están al acecho. Podrá encontrar en él un placer que no debiera ser muy distinto del que experimenta quien canta por gusto en un coro, o disfruta construyendo una maqueta de un barco o preparando el pequeño motor de un avión de juguete o recorriendo treinta o más veces, cada mañana, el largo de una piscina.

Para hacer ahora este recorrido por la morfología hemos de fijarnos, como hace un policía del *Caballero y la muerte* de Leonardo Sciascia, «en cosas tan sutiles que ni siquiera se ven», que es a lo que pretenden llegar los gramáticos; pero nosotros, los simples hablantes, podemos dar espontáneamente con algunas de esas reglas solo con atrevernos a comparar lo que nos resulta desconocido con todo aquello que conocemos. Lo deseable sería contar con la misma memoria y capacidad de relación de K. D. Yadav, personaje de la novela citada de Vikram Chandra, aunque no me parece fácil disfrutar como él de «una memoria vasta y un sentido sensual para los detalles: un par de gafas de leer con los cristales oscuros, que vio en una fotografía borrosa de preconizadores en Frankfurt, se quedan con él durante seis años, de modo que es capaz de descubrir al mismo hombre en otra foto tomada en la otra parte del mundo, en Peshawar».

Quienes no tenemos una memoria tal hemos de conformarnos con acceder a esas formaciones por medio de una especie de regla de tres, como la que subyace en la afirmación de Javier Marías de que «*alarmadizo* es una palabra que se explica por sí sola (si alguien puede ser *asustadizo* también *alarmadizo*)», o en la de Jaime Capmany cuando aplica a Jesús Caldera el adjetivo *cataplínico:* «si usted no saca la significación de la palabreja por sentido del idioma, es inútil acudir al diccionario, pero conste que me invento la expresión por no usar una palabrota». Otras veces la regla de tres resulta más difícil de aplicar, porque el hablante no conoce suficientemente la realidad, que es lo que le ocurre a alguien que lea lo siguiente de Joaquín Vidal: «Rivera, cuya vulgaridad muleteril estuvo a punto de poner de los nervios a la concurrencia...», y relacione ese *muleteril* con la *muleta* de que se sirve el torero, a menos que le sorprenda esa innecesaria sílaba *-er-* que se cuela ahí, y ello le lleve a dar con *muletero*, que es como se designa al diestro que es relevante en el manejo de la muleta. El camino seguido ha sido *muleta → muletero → muleteril.*

A pesar de las complicaciones, nos movemos por un universo cuyas señales no resulta difícil percibir. No creo que nadie tenga el menor problema para comprender las palabras que coloco en cursiva, aunque no aparezcan en el diccionario académico: «Aldo Manuzio el Joven, nieto del gran *imprentero* veneciano», «puerta *ventanera*», «la etapa *conspiratorial*», «la *intocabilidad* de su poder», una determinada empresa «impulsa su actividad *gasista*» (como adjetivo, 'referente al gas', pues se registra en el diccionario académico como profesión), «darían la vida por *desnecesitarse*», «las fuerzas de choque del *salismo*» (aquí se necesita el contexto para entender que se trata de los seguidores de Josep Maria Sala). Incluso resulta comprensible una formación criticable, como «los detalles técnicos exceden al *convenio* divulgativo de estas páginas», en que *convenio* está pisando los talones en su significado a *conveniencia.*

La lógica de la historia

Aseguraba antes al lector que nos iba a bastar en nuestro juego con comparar palabras; voy a recomendarle, antes de seguir, que no intente dar con la lógica que su uso entraña, pues esto no resulta siempre factible, ya que la lógica del léxico es su historia. La historia, no el alma de las palabras —que sigo insistiendo en que no existe—, puede explicarnos aparentes caprichos, como el de algunos programas de radio que han promovido el empleo de la voz *escuchante*. Se apoya esta palabra en la regla por la que se había adoptado *oyente* para quien oye la radio, aplicada ahora al verbo *escuchar*, con el fin de contar con unos seguidores del programa más participativos y atentos a él. Si *escuchante* no gusta a todo el mundo, bueno es que se sepa que *oyente*, que no ha tenido críticas, no emanó directamente de la naturaleza de las cosas, pues en los primeros tiempos de la radio lo que se utilizaba para designar a quienes la seguían era *auditor*.

Hagamos un pequeño excurso antes de ir más lejos: no hay contradicción ante la elección del primer elemento de *auditor* o de *oyente*. *Auditor* procede del latín *audire* y *oyente*, del español *oír*, pues a lo largo de la historia se ha acudido tanto al español como al latín para formar derivados. A causa de esta doble contabilidad tenemos *lechoso* (de *leche*) ~ *lácteo* (del latín *lac, lactis*), *plomizo* (de *plomo*) ~ *plúmbeo* (del latín *plumbum*), *sombreado* (de *sombra*) ~ *umbroso* (del latín *umbrosus*).

Tras el inciso, volvamos a esta novedad de *escuchante*, que no nos escandaliza —lo utilicemos o no— a algunos; otros, como era de esperar, se llevan las manos a la cabeza ante la novedad, aplicando su lógica particular, como la de ese lector —o leyente— que critica la palabra porque: «oír es una facultad física, mientras que escuchar es una actitud psíquica», a lo que añade que «en Juan de Mairena aparece un libre *oyente*, que sigue las explicaciones del maestro con mucho interés» y, tras dar razones del tipo de que no todos los oyentes prestan atención al programa, termina: «los televidentes del mismo grupo deberían pasar a llamarse telemirantes». La comparación entre las palabras —todo hay que decirlo— es en muchos casos meramente orientadora, como ocurre con estas de *oyente, auditor, escuchante* o *televidente*, que relacionamos entre sí, o con otras de nuestra lengua o incluso del latín, pero sin disponer de una regla y un compás que nos permitieran llegar a resultados más precisos.

Sigamos con los caminos diferentes que podemos recorrer para construir un derivado. Cuando un español dice *desarraigado*, colea tras él una larga historia, que empieza por el latín *radix, -icis* ('raíz'), que dio lugar en esa misma lengua al verbo *radicari*. Este es el origen del español *raigar*, que fue general hasta el siglo XV y se sustituyó después por *arraigar*. De *raigar* y *arraigar* se formaron los derivados de sentido opuesto *derraigar* y *desarraigar*, de los que se ha mantenido el segundo. *Desarraigar* es el verbo que empleamos en referencia a quien rompe las amarras con su país. Pero partiendo de *raíz* podemos referirnos a quien se ha *enraizado* en otro; lo que suele conllevar haberse *desraizado* del primero. Este *desraizarse,* que aparece en el diccionario académico, pero no con el sentido que he dado a *desarraigar*, se la oí un día a Antonio Skarmeta aplicado a alguien que estaba «desraizado de su pueblo». Estas situaciones nos llevan al capítulo VIII de *Ivanhoe* (1819), en que Walter Scott se refiere al protagonista, «la divisa de cuyo escudo era un joven roble arrancado de raíz, donde aparecía la palabra española *desdichado*, a la que se le da el significado de 'desheredado'» («the device on his shield was a young oak-tree pulled up the roots, with the Spanish word *Desdichado*, signifying *Disinherited*»), pues en efecto su padre, el noble sajón Cedric, lo había desheredado, aunque no se le puede negar que fuera también un desdichado.

Claro que en lugar de la imagen de las raíces arrancadas de una planta, podamos acudir a la fuerza que tiene en nosotros la tierra para expresar el extrañamiento de aquellos exiliados españoles «que —pido prestadas las palabras a José Antonio Piqueras— resistiéndose a la idea del destierro en la acepción de desprender la tierra de raíz, hicieron suyo el neologismo *trasterrado* para dar cuenta que en su descuaje habían llevado consigo una parte del suelo en que hundían su creatividad y sus reflexiones», que no hubiera sido peor opción que *desplazado* para traducir el título del libro de Todorov, *L'homme dépaysé*.

No solo disponemos de distintas palabras para un significado, sino que contamos con bastantes sufijos para un pequeño grupo de significados básicos. Antes de seleccionar alguno, hemos de aplicarles unas cuantas reglas, pero que tampoco son tan estrictas como para que no tengamos un cierto margen de maniobra. Ello explica que los españoles podamos ser *accionistas* y los franceses, en cambio, *actionnaires*, pues se trata de sufijos sinónimos, de los que el francés resulta más *chic*, como lo es entre nosotros el *-ario* de *notario* o de *misionario*, del que cualquiera se sorprenderá al leer en un periódico que un «misionario se dio cuenta del potencial que atesoraba este joven masai» llamado David Lekota Rudisha. Lo normal es que se hubiera dado cuenta de ello un *misionero*.

Nos diferenciamos también de los franceses en que a cuantos contribuimos en España a los gastos del Estado se nos considera *contribuyentes*, es decir, personas que pagamos nuestros impuestos; curiosamente a los franceses, que no contribuyen menos que nosotros a las obligaciones impositivas, se los toma por *contribuables*, es decir, se los considera tales no porque 'contribuyan', sino porque 'pueden contribuir', con lo que quizá las cosas les resulten así más llevaderas.

En cualquier caso no deberíamos precipitarnos a buscar a través de ejemplos como estos los rasgos estereotípicos de los hablantes de estas dos lenguas, pues se trata de elecciones coyunturales, aunque reflejen algo de la sociedad de un momento. Si los que conocemos como *defraudadores* son en alemán los *Steuersünden*, voz formada por la composición de *Steuer* ('impuesto') y *Sünde* ('pecado'), ello se debe a que la vida del hombre estuvo ordenada en torno a la religión, que impregnaba hasta el último detalle de lo cotidiano, de forma que la visión teológica prevalecía sobre cualquier otra construcción doctrinal imponiendo una idea de la existencia en cuyos objetivos predominaba ante todo la salvación para la vida eterna. Teniendo en cuenta esa concepción, es lógico que los actos contrarios al orden social se consideraran dignos de castigo y de reparación, bajo muy diversas modalidades, pero, en última instancia, como ofensas a Dios, tanto mayores cuanto mayor fuera su gravedad. Ir, de todas formas, más lejos por este camino sería lo mismo que psicoanalizar lingüísticamente a los italianos por la diferencia que se establece en su lengua entre *rimpiangere* y *rimordere:* remordimiento por no haber hecho algo, en el primer caso, y por haberlo hecho, en el segundo.

Sin salirnos del español, lo que muchos veríamos como *fluctuante* lo presenta con pleno derecho un filólogo como *fluctuable* («Habría una pronunciación fluctuable, dependiendo de la norma gráfica»), que es el mismo proceso que afectó a *confortable* —al que nos hemos referido al final del capítulo anterior—, que sustituyó, desde finales del siglo XIX, a los antiguos *confortante* y *confortativo*. Estos ejemplos muestran que podemos acercarnos al significado de las palabras desde varias perspectivas propiciadas por los propios sufijos. Hoy nos referimos a *culpable,* que con su sufijo *-ble* tendría que significar algo así como 'que puede tener culpa' (como *sobornable* es 'que puede ser sobornado' o *envidiable* 'que puede ser envidiado'). Este adjetivo sustituyó a los medievales *culpado* o *culpante,* cuya terminación lleva a interpretar la culpa de una persona no como una posibilidad sino como un hecho patente. Pero el guante blanco que supuso la creación de la forma *culpable,* al considerar su sentido negativo solo como una posibilidad, se manchó muy pronto llegando a coincidir su significado con el mismo que tenía *culpado;* de ahí que, por si las moscas, solamos referirnos al culpable como *presunto* cuando no ha sido condenado aún. Las cosas pueden ocurrir al revés, cambiando lo *convenible,* es decir 'lo que puede convenir', que se decía en el pasado, por lo *conveniente,* empleado ahora sin la precaución de verlo como posible, contenida en el sufijo *-ble.*

Esa consideración de las diferencias entre los usos del pasado y del presente debiera sacarnos de la perplejidad que supone leer en un texto antiguo *habitador* para lo que hoy se dice *habitante* (a él me refería en el capítulo anterior), o *amigable,* empleado desde la Edad Media, frente al que en España, desde el siglo XVIII, se ha preferido *amistoso.* Este *amigable,* conservado, en cambio, en la América española, ha regresado de allí a España (yo empecé encontrándomelo en los libros editados en la Argentina), amparado en el viaje por el persistente *friendly,* que todo lo adjetiva en inglés, desde un hotel hasta un sistema operativo informático.

Pero es más normal que dos palabras diferenciadas por su sufijo hayan llevado cada una por su lado un significado distinto. Es lo que ha ocurrido con *vergonzante* y *vergonzoso*, por lo que aquí ya hemos de referirnos a una equivocación, cuando se dice algo como lo siguiente: «La oposición califica de "vergonzante y populista" la medida municipal de enviar mendigos de Las Palmas». Lo mismo ha ocurrido con *consumidor* y *consumista,* oponiendo el que simplemente consume cosas a quien las consume de una manera inmoderada. Aunque si nos fijáramos un poco en estas dos voces, veríamos que al hecho de que contienen distintos sufijos se añade que la palabra de la que proceden es diferente: *consumidor* se ha construido a partir del verbo *consumir,* pues el sufijo *-dor* con este valor de 'persona que hace algo' solo puede aplicarse a verbos; mientras que un *consumista* nace de un sustantivo, ya que *-ista* solo puede aplicarse a sustantivos. Si pensamos en el sustantivo *consumo* y añadimos que *consumista* se puede haber contaminado del significado de *consumismo* que tiene a su vera, encontraremos fácil de entender la diferencia de significado con *consumidor.* Podría ocurrir que la diferencia en este tipo de formaciones quedara relegada al dominio de la expresividad, como ocurre con *goleador* y *golista:* este lujo que supone tener dos palabras para un mismo significado permite emplear una u otra, en función de nuestra actitud hacia quien aplicamos el adjetivo; yo he cazado a un madridista refiriéndose a un *goleador* de su equipo y, en cambio, preocupándose por un *golista*, que era un jugador del FC Barcelona. ¿Le recordaría el terrorífico adjetivo *colista*?

Viene aquí a propósito el diálogo que mantuve un día con mi dentista en su consulta —un diálogo peculiar, pues él suele contarme cosas divertidas, mientras que yo, por razones obvias, solo puedo responderle con un sí o no o con un gesto que equivale a 'depende'—. En un descanso de su intervención le pregunté si convenía recurrir para un problema que se me había presentado a un *endodólogo*; él me corrigió diciéndome que quien me tendría que atender era un *endodoncista*. Sabiendo que se trataba de una profesión reciente había intentado yo marcarla con el prestigio que proporciona el componente *-logo* añadido a una raíz griega, como ocurre con *estomatólogo* (que algunos piensan que tiene que ver con el estómago, pero que se trata de un sinónimo de *dentista,* pues en griego *stóma* significa 'boca'; sinónimo parcial, como la mayor parte de ellos, pues el *estomatólogo* ha de ser médico, condición que no es imprescindible para el dentista), *ginecólogo* (el griego nos sirve de nuevo para entender que este médico ha de dedicarse a los problemas particulares de las mujeres, ya que *gyné* es 'mujer' en griego, voz que en última instancia tiene que ver con algunas palabras españolas como *gineceo* 'lugar reservado en la vivienda a las mujeres' y en botánica 'verticilo floral femenino de las plantas fanerógamas', opuesto al *androceo*), *semiólogo* (que, dado que *seméin* significa en griego 'señalar', se entiende que se ocupe del estudio de los signos, sobre todo de los más importantes de ellos, que son los lingüísticos) o el que ha creado recientemente Forges, *cabreólogo*, que por el chiste en que aparece se trata de una especialidad médica para atender a los pacientes —discúlpeme el lector— cabreados. No obstante, quien construyó la voz *endodoncista* actuó razonablemente, partiendo de *endodoncia* y poniéndose de lado, morfológicamente hablando, de *anestesista*, que es un indicio de que se trata de una profesión actual, pues la palabra que la designa ha evitado el que en tiempos fue el sufijo usual para indicar profesiones, *-ero*, que tenemos en palabras como *lechero, relojero, carretero* (esa *-te-*, que puede pasar desapercibida al lector, nos orienta a que no puede explicarse a partir de *carro*, sino que exige que *carreta* sea su base de derivación; recordemos que para la formación de *muleteril* no hemos partido de *muleta*, una vez que la sílaba *-er-*, que aparentemente sobraba, nos orientó a *muletero*).

Quien da primero, da dos veces

Estamos trasteando las cuerdas de la guitarra por ver si podemos sacarle nuevos acordes en forma de palabras. Aunque a veces, cuando tratamos de colocar un sufijo a alguna de ellas, nos encontramos con que ya se le ha aplicado con antelación y además ocupado por otro significado. El *auditor* al que me he referido antes, que designaba en los primeros tiempos de la radio a sus oyentes, se trataba de una formación tan razonable como la del *auditeur* francés, que allí significa 'oyente'. Pero el hecho de que *auditor* existiera ya entre nosotros, referido a diferentes cargos a que se podía acceder en distintos ámbitos de la justicia, explica que se dejara el paso a *oyente*. A partir de *humano,* por el intermediario *humanidad,* se han designado como de *humanidades* un tipo de estudios que surgen a finales de la Edad Media, dando la espalda a los que se cultivaban por entonces en las universidades: el punto de partida era la recuperación del latín clásico (tanto en la pureza de la lengua como en la de sus textos), el conocimiento del griego, así como el estudio de sus respectivas literaturas. De esta idea de los *humanistas* (el término *humanismo* es muy tardío, acuñado por los historiadores en el siglo XIX) proceden, en última instancia, los estudios de humanidades, particularmente de filología e historia, que se dan en las facultades de humanidades o humanísticas: condición de la que se excluyen los que pertenecen a las de ciencias, como la química, la medicina o la biología. De *humano,* siguiendo otra ruta diferente, se ha creado el adjetivo *humanitario,* con el que no podemos referirnos a las *facultades humanitarias,* pues tal adjetivo se aplica a quien tiene una actitud de apoyo a los seres humanos, sobre todo a los más débiles. Por eso chirría leer en la traducción del libro de Alexandra Marinina que he citado antes esa combinación de *facultad* con *humanitaria,* en lugar de con *humanística;* como sorprende encontrar en un periódico que «la mezquita ha gozado del *patronaje* de las personas más influyentes de la sociedad paquistaní», en que no sé si ese cambio de *patronazgo* por un término como el *patronaje,* que pertenece al ámbito de la confección de ropa, se ha debido a una mera equivocación o procede de la acción diabólica de un traductor automático.

También es cierto que para evitar colisiones incómodas entre dos significados dentro de un sufijo podemos apropiarnos, como un mal menor, de otro en principio inadecuado; solo en principio, pues deja de ser inadecuado si triunfa. Es lo que ocurrió en la Revolución mexicana para designar a las mujeres que acompañaban a los grupos armados revolucionarios, como soldados, enfermeras o cocineras. Se las llamó *adelitas* por esa Adelita del corrido «Si mi Adelita se fuera con otro», que iba demasiado a su aire; pero también *soldaderas,* evitando el nombre de *soldada,* cuyo significado de 'salario, de un modo particular el que percibe el soldado', lo vetaba para esta designación; si bien, en la Edad Media, de esa *soldada* 'salario' se había formado *soldadero* 'asalariado' y su femenino *soldadera* 'asalariada', 'mujer de vida alegre'. Pero este *soldadera* mexicano no se conecta con la voz medieval y ha de explicarse como un desvío de *soldado,* a pesar de ser una formación tan inadecuada como lo hubiera sido crear de *viudo* un femenino *viudera* o de *abogado, abogadera*.

Una acepción existente no ha de frenar obligatoriamente otra nueva, como ocurre en el siguiente caso, en que Fernando Lázaro se ha atrevido a recurrir al verbo *residenciar,* formado a partir de *residencia,* al referirse a Calvo Sotelo: «era alojado en el pequeño cementerio donde, desde ayer tarde, lo han residenciado»; y Miguel Ángel Aguilar lleva el significado del verbo a lo que conocemos como sentido figurado: «vuelven los ojos airados hacia Miguel Ángel Rodríguez, en quien todos residencian las últimas responsabilidades de la incomunicación». No rompe esta formación con las posibilidades derivativas de nuestra lengua, por más que choque de frente esta voz con un *residenciar* acomodado en el diccionario con las dos acepciones siguientes: «1. Tomar cuenta un juez a otro, o a otra persona que ha ejercido cargo público, de la conducta que en su desempeño ha observado. 2. Por extensión, pedir cuenta o hacer cargo en otras materias». Esta colisión, con una palabra restringida además al ámbito del derecho, no es motivo, a mi juicio, para rechazar la creación, a menos que nos ciegue el más radical de los purismos.

Pero volvamos otra vez a México para mostrar cómo los hablantes de una lengua pueden, en un determinado lugar, renunciar a añadir a una palabra un nuevo significado y dirigirse a otra distinta, mientras los de otro pueden sencillamente actuar de modo contrario. Para mí resulta normal referirme a una *tómbola benéfica* si está concebida como un medio para 'hacer el bien a los demás'; me serviría, en cambio, del adjetivo *beneficioso* en «un trato beneficioso», por ejemplo, en el sentido de 'que beneficia a quien lo suscribe'. Tal repartición de significados no corresponde a la que hace el escritor mexicano Jorge Ibargüengoitia, que emplea *benéfico* para lo que nosotros emplearíamos *beneficioso:* «el negocio que venía a ofrecer podía ser benéfico para Ramón».

Teniendo ocupado un sufijo con algún sentido, todo resulta posible: evitar dotarlo de uno nuevo o liarse la manta a la cabeza y añadírselo sin más. Esta última es la situación idónea para probar los recursos de la ironía, sobre todo, si se suma al sentido esperable otro que se contradice con él, como hace Moncho Alpuente con *edificante* en: «las constructoras se han reciclado en empresas edificantes y gestoras de hospitales semipúblicos», donde mezcla el sentido de 'virtuoso' que tiene *edificante* con el de 'constructor'.

Cedamos, pues, a los hablantes el protagonismo de los sufijos, como si de los mosqueteros se tratara. A diferencia de Jamal, protagonista de *Slumdog millionaire,* nuestra vida no depende de conocer el nombre del tercer mosquetero, pero sí nos interesa observar el comportamiento de todos ellos.

Todos para uno

Para crear un sustantivo referente a la profesión de una persona contamos con varios sufijos o sufijoides. Ya hemos hurgado en *-ista, -logo, -ero*, que dan lugar a *endodoncista, ginecólogo* o *lechero,* así como otros aplicados a verbos: *-dor* y *-nte*: *nadador* o *navegante*. Por no hablar de otras posibilidades, como lo que se conoce por *metonimia,* que explicaré por medio de un ejemplo: el *corneta,* que se refiere a 'la persona que toca la corneta' o el/la *escopeta,* que se refiere a quien —el cazador, por ejemplo— se sirve de ella.

Esta variedad de sufijos para un mismo significado nos da opción en muchos casos a elegir un sinónimo, incluso tratándose de tecnicismos, pues, aunque estorban para una más clara comprensión de las cosas, muchos científicos no tienen empacho en señalar, por medio del tecnicismo que eligen, la escuela a que se adhieren. Pero es fuera del campo de la terminología donde se juega con más brío con las elecciones de un sufijo, para adscribirnos a un grupo. Aunque en la lengua corremos el riesgo de que por contentar a unos descontentemos a otros. A mí cuando en el banco me hablan de un *inversionista* (aparece en el diccionario académico en 1970) me pongo a temblar, acostumbrado como estoy a oír hablar de *inversores* (curiosamente no aparece en esta acepción en el diccionario académico hasta 1984), y me lo pienso dos veces antes de fiarme del consejo que me van a espetar; reconozco que a mis hijos puede ocurrirles, en cambio, lo contrario y que no se sorprendan por leer que una fábrica de coches es «una de las que más gente emplea en Alabama y uno de los mayores inversionistas en ese Estado»; aunque, de haber acudido a los medios con que contamos para conocer un poco mejor las cosas del léxico (a ellos me referiré en el capítulo VI), hubiera caído en la cuenta de que *inversionista,* que yo desconocía hace no mucho, nos ha venido de América. Me sorprende por otras razones leer *cognitiva* en una referencia a la «insaciable pasión cognitiva tras dos siglos de ignorancia del propio pasado», aplicada a Menéndez Pelayo, que interpreto como pasión por conocer, mal avenida con el valor que el diccionario académico, desde su edición de 1992, da a esta palabra procedente del francés *cognitif* o más probablemente del inglés *cognitive,* donde es término normal para referirse a lo relativo al conocimiento. Sin entrar en detalles, suelo encontrar *cognitivo* como un término más especializado, que aplicaría a las ciencias que se ocupan del conocimiento o a las posibilidades mismas del cerebro humano para conocer, más que a la pasión que pueda demostrar un filólogo por enterarse de las cosas.

Al fin y al cabo nos las habemos con la confrontación entre palabras con una relativa tradición en la lengua, que tienen a su lado otras relativamente modernas. La eficacia de nuestra elección estriba precisamente en que optemos por emplear la más usual o la que nos parezca más moderna en este proceloso piélago de la lengua en que nos movemos.

Uno para todos

Hemos de contar también con que un solo sufijo sirve para crear varios significados (entra esto dentro de lo que conocemos como *polisemia,* del griego *polys* 'abundante, numeroso' y de *sema* 'señal', de donde proceden también *semántica* y *semáforo*), sin que los hablantes tengan el menor problema por acertar con ellos. Es la razón por la que las palabras que aparecen en nuestros diccionarios pueden tener varias acepciones.

Si leo en un periódico un titular sobre «La ciencia marciana ante la encrucijada», de tantos posibles significados que hubiera podido tener *marciano,* el que actualizo me lleva a interpretar esta frase como 'la ciencia referida a Marte', ya que no creo en la existencia de los marcianos; por ello, si alguien comienza a hablarme de una *película* o *novela marciana* pienso que se ha de referir a Marte, no que la haya escrito o rodado algún marciano. Bastaría con que cambiara el escenario y encontrar —en un cómic, por ejemplo— una alusión a unas *crónicas marcianas* (es un título conocido de una novela de Ray Bradbury) halladas por los terrícolas que han llegado allí, para que deba tomarlas como las escritas por los propios marcianos. Ya me he referido antes a que un sufijo puede acoger varios significados, pero si no nos gusta hacer compatible la posibilidad de que *marciano* signifique tanto lo que se refiere a Marte como lo propio de los marcianos, podemos optar por una formación diferente, que en este caso nos llevaría, por ejemplo, a «la ciencia martista», o «al comportamiento martiano», que no serían las opciones que yo defendiera.

No podemos dejar de lado esta posibilidad de añadir más sentidos a los que tiene una palabra, por más que pueda dar lugar en algunas ocasiones a discrepancias entre los hablantes. El adjetivo *semántico,* por ejemplo, se puede emplear así: «el desarrollo semántico que ha tenido esta palabra...», pero también como sinónimo de *terminológico,* tal y como nos está acostumbrando la prensa: «Galvin dice que el desacuerdo sobre el Estrecho es ya solo semántico. El problema en su opinión está ya reducido a una cuestión semántica para evitar el pronunciamiento de la Alianza sobre el contencioso del Peñón», que se remacha con un «estamos pendientes de una cuestión terminológica», o «Las fuentes consultadas estiman imprudente la ruptura de la tregua por diferencias semánticas en los comunicados». Es una posibilidad que no me gusta, como tampoco que se considere a Alepo «la capital económica de Siria», en lugar de tenerla por su capital comercial; ni que se utilice el adjetivo *académico* no ya como 'perteneciente a la enseñanza', sino ampliado al que tiene en el siguiente ejemplo: «los recursos académicos no dan para más». Pero, aunque haya motivos importantes para frenar cambios de significado como estos, mucho me temo que su empaque aparentemente culto hará que terminen imponiéndose, como se han impuesto otras muchas cosas que no me gustan, que algunos seguiremos evitándolo *sin esperanza, con convencimiento* (ya le he dicho antes al lector de dónde he tomado estas palabras).

Parecida a la polisemia, aunque en sus raíces se trate de un hecho distinto, es la homonimia, que ya he explicado en el capítulo anterior como la condición que tienen dos palabras que siendo de distinto origen coinciden en su aspecto externo, pero no en su significado. En la novela citada de Alexandra Marinina leemos: «se apresuró a reincorporarse al trabajo, apenas hubo *despechado* a la niña», que es el participio del verbo *despechar* 'quitar el pecho' (formado a partir de *pecho*), palabra con la que nos hemos topado en el capítulo anterior. Quizá muchas personas no la conozcan, pero con el diccionario en la mano entenderán que no tiene nada que ver con ese otro *despechado* que Juan José Millás ha considerado «la forma llevadera de la nostalgia», que es la consecuencia de su significado 'indignado por haber sido tratado desdeñosamente' (acorde con su procedencia de *despechar* 'causar indignación', que tiene su origen último en el latín *despectu* 'desprecio'). Estos casos no presentan casi nunca un problema, pues el contexto permite saber con claridad lo que significa ese *despechar* de la niña de nuestro ejemplo o el *despechar* del consejo que le da la discreta Dorotea a don Quijote, para templarle la ira: «No os despechéis, señor caballero de la Triste Figura, de las sandeces que vuestro escudero ha dicho...».

No todo es lógica en las lenguas; a veces construimos palabras en el puro dominio de la imprecisión, sin saber, salvo de una manera aproximada, las reglas que sirven para crearlas. Ayuda mucho en el camino fijarnos en los demás, particularmente en los escritores, cuando, como decía Mayans —estamos en el siglo XVIII—, «los preceptos de la gramática y de la prosodia y ortografía y otras artes pueriles son para los niños, y en saliendo de la pubertad es rarísimo el que no se confunde con ellos, y lo puedo probar con ejemplos de hombres de gravísimo juicio». Tener en cuenta esto es lo que me lleva a ir intentando mostrar los recursos a que podemos acudir para llenarnos de razón en nuestras elecciones.

Cuando los mosqueteros se toman la justicia por su cuenta

Estamos en un juego en el que todos tenemos derecho a participar, pero para el que hemos de someternos al cumplimiento de unas reglas que conocemos de un modo intuitivo, aunque podamos actuar haciendo de vez en cuando la vista gorda a algunas elecciones. Lo cual produce la sensación de una cierta libertad, y hasta permite graduar la imprecisión con que queramos comunicarnos. Pero no conviene que erosionemos excesivamente esas reglas de formación de palabras, no vaya a ocurrir que se desencajen los goznes en que se sustenta su estructura.

No ocurre nada si por una vez se adopta una creación como la de *tanatorio* en español —para la que existe casi certificado de nacimiento, expedido a finales del tercer cuarto del siglo pasado—, sustituyendo a *velatorio* o *velorio,* por más que esa sustitución nos separe del uso americano y de los que existen en las lenguas que conviven aquí en España con la nuestra; pero sobre todo porque lo hace, según explica Ramón Cavaller en una carta al director, publicada en un diario nacional en 1990, contraviniendo las reglas de formación de los nombres de lugar:

> Soy catalanohablante, y en una visita a Madrid me ha llamado la atención la palabra *tanatorio*. Si el lugar de *Atenea* es *ateneo;* el de las *Musas*, *museo;* el de *Adriano, adrianeo,* el lugar de *Tánatos* tendría que ser *tanateo*. En cambio, allí donde se *labora* es el *laboratorio;* donde se *sana* el *sanatorio*. Me parece desgraciado que el vernáculo castellano haya adoptado la forma *tanatorio* en lugar de *tanateo*.

Para expresar el 'lugar en que' disponemos, en efecto, de *-torio*, pero con una condición que no se cumple en el ejemplo anterior: que se ha de añadir obligatoriamente a un verbo, como el *velatorio* ya citado, o *sanatorio,* o *ambulatorio*. Estos sustantivos, como dice el autor de la carta anterior, se han formado a partir de un verbo —*velar, sanar, ambular* (mejor, del latín *ambulare*)—. En el pasado era *-dero* el sufijo productivo (que es como llamamos a aquellos sufijos que están llenos de vida, a los que recurre normalmente el hablante) para crear nombres de lugar. Este tiene su origen último en el mismo sufijo latino que da lugar al culto *-torio;* con él se habían formado *desfiladero, despeñadero, embarcadero, abrevadero,* voces de significado comprensible, junto a un *humilladero,* lugar situado a las afueras de los pueblos, en el que solemos encontrar una cruz. En él se ajusticiaba públicamente a los delincuentes, para su escarnio y humillación; también llevó allí la Inquisición a los acusados con la intención de que se arrepintieran, se humillaran, en definitiva, antes de conducirlos a donde habría de aplicárseles el castigo al que habían sido condenados. En el presente *-dero* ha perdido su vigor y no se suele, por tanto, recurrir a él para crear nuevos términos.

Tampoco podemos sufrir porque Pedro Luis Barcia, director de la Academia de Letras Argentina, liándose la manta a la cabeza, haya decidido servirse del adjetivo *bolsillable*, referido a los libros cómodos de llevar, por su pequeño tamaño:

> ... yo he sido censurado como muy neologista, pero he introducido neologismos bien hechos, por eso los defiendo.

> Tenemos una colección que llamamos *bolsillable* y me han dicho que es esta una palabra que no existe. Se la robé a Ortega en 1922. Es una palabra frente a *pocket book* que son dos, es una economía. Y bolsillable dice lo suyo.

El propio *Diccionario panhispánico de dudas*, de la Academia, le da la razón, al considerar este un término «bien plasmado», y yo he de decir que a mí tampoco me desagrada. Existe, sin embargo, el problema de que normalmente los adjetivos en *-ble* parten de una base verbal y no existe, que yo sepa, el verbo *bolsillar*. No es que sea grave esta disidencia morfológica, pero sí me preocupa que, al no advertirnos de que se trata de una formación excepcional, se esté contribuyendo a pervertir una importante regla derivativa. No hubiera sido necesario, de todas formas, seguir la idea con que se crea la voz en francés e inglés, donde se designa a estos libros como *livres de poche* y *pocket book,* respectivamente, a causa de que, por su tamaño, pueden llevarse en el bolsillo, pues se hubiera podido revitalizar una palabra que hacía referencia a la comodidad de su manejo, empleada desde el siglo XVIII con bastantes referencias a diccionarios o códigos: el adjetivo *manuable*, es decir 'manejable', que llega a nuestros días, pues autores como Ramón Gómez de la Serna o Jorge Luis Borges se refieren a los volúmenes manuables en que se puede leer una obra. Incluso se aplicaba a este tipo de libros el adjetivo *portátil*, con esta misma idea de lo llevadero. Y, si se me apura, ahí tenemos *enquiridión* —como el libro de Erasmo—, que existe en español con este significado de 'libro manual'.

Como las cosas no se resuelven por medio de dogmas, he de reconocer que es comprensible la idea de mi amigo Barcia de disponer de una palabra como *bolsillable* que evite —una vez habilitado el adjetivo como sustantivo— recurrir a dos palabras para designar este tipo de libro. Y en su apoyo añadiré que esta manera rara de formar adjetivos en *-ble* con una base sustantiva cuenta ya con algunos ejemplos en nuestra lengua y en otras a las que no dudamos en acudir cuando lo necesitamos: así, tenemos en francés «une piste *cyclable*» 'camino para bicicletas' y en italiano un «passo carrabile» 'lugar reservado para la entrada o salida de vehículos', aparte de un *tascabile* aplicado precisamente a este tipo de libros, formado a partir de *tasca* 'bolsillo'. En el propio español esta posibilidad ha permitido un *rocinable* en *La pícara Justina* o ese mismo *manuable* a que he hecho referencia, que da la impresión de haberse tomado del francés *maniable* (donde su creación fue, en cambio, razonable, pues existía el verbo *manier* 'manejar'), interferido por el español *mano* cuando lo adoptamos en nuestra lengua.

Sorprende menos la ruptura con las reglas para formar palabras por medio de una aplicación errónea de un sufijo de otra lengua a la nuestra. Es lo que ocurre con *bildutarra* aplicado a los componentes de la agrupación política *bildu*. Fernando Savater escribe: «puede que los bildutarras reconozcan el sufrimiento, pero no condenarán jamás ni la causa ni a los causantes»; y José María Romera: «los bildutarras saben cuál es su deber». El hecho es que el sufijo *-arra* se emplea en eusquera solo para las personas que pertenecen a un determinado lugar: *hondarribitarra* (habitante de Fuenterrabía), *donostiarra* (de San Sebastián). Es posible que en su paso al castellano, a partir de una mala formación (en todos los sentidos de la palabra) como es *etarra,* se haya extendido a designar a quienes pertenecen a *Bildu.* Incidentalmente, habrá entre mis lectores personas que se pregunten por qué recurrir a este sufijo *-arra* teniendo el castellano otros en *-ense,* etc., aparte de formarlo sobre *Hondarribia* y *Donostia*, y no sobre *Fuenterrabía* (que, por cierto, es una pésima traducción de *Hondarribia* al castellano) y *San Sebastián*. La razón se entiende fácilmente por vía comparada: no es casual que, en vez de recurrir al sufijo *-ense,* acudamos a *-í* en *marbellí* y *ceutí*, continuación de un sufijo árabe utilizado para significar el lugar de procedencia de una persona. Claro está que para el pueblo del que viene siendo mi familia, Monleras, en la provincia de Salamanca, no se justificaría ni *monlerí* ni *monleritarra*. Por otro lado, no veo a nadie preocupado porque el adjetivo que hace referencia a mis entrañables vecinos de Ciudad Rodrigo sea *mirobrigense*, y no *ciudadrodrigense*.

La buscada disidencia

Se puede uno tropezar a propósito con las reglas de formación de palabras, por la expresividad que con ello se consigue. Todo puede empezar por cambiar un sufijo normal por otro que ni está ni se le esperaría: unas «orejas borricales» chirrían por el sufijo culto *-al*, en la traducción del libro de *Bertoldo, Bertoldiono y Cacaseno;* como chirría «la realidad demoniana» de que se sirve David Molinet en la traducción de *Ada o el ardor* de Vladimir Nabokov, acostumbrados como estamos a *demoníaca.* Se aprovecha bien el sufijo *-ano* (que aparece en *azoriniano* o *unamuniano*) en el «mandarinismo adorniano», para el filósofo Adorno, a que se refiere Enrique Vila-Matas. Sirve para distinguir entre lo propio de la persona y la ideología relacionada con ella, como hace Antonio Elorza acudiendo a *estaliniano:* «hombre de corte estaliniano»; distinción que había hecho Jesús Aguirre con *marxiano,* como término neutral para lo 'propio del marxismo o de Marx': «no parece que aquella capital infestada de antisemitismo, de censura y escasez en el estricto sentido marxiano fuese otra cosa para Benjamin que la auténtica, vitalmente desoladora "capital del dolor"», así como Ignacio Sotelo: «la teoría marxiana de la crisis económica...», o Javier Pradera: «El dicho marxiano según el cual las tragedias suelen repetirse en la historia como farsas, también se confirma en este caso».

Las cosas se pueden ir complicando. Empecemos por esa regla conocida según la cual para referirnos a las personas que realizan una tarea o trabajo hemos de recurrir, si se parte de un verbo, a los sufijos *-dor* o *-ctor* (por la posibilidad de acogernos a una base española o latina, a que me he referido antes): por eso formamos de *atracar* → *atracador,* de *sembrar* → *sembrador,* de *conducir* → *conductor;* junto a otra regla, conocida también: si la base desde la que construimos estos sustantivos es nominal, le añadimos *-ero*, como ocurre con *reloj* → *relojero, tienda* → *tendero, leche* → *lechero*. Pero estas reglas se pueden trastocar: una periodista se pregunta si hemos de hablar de *chateros* o de *chateadores* («Los *chateros (¿chateadores?)* quieren una comunicación desnuda»). Es razonable la duda, pues del verbo *chatear* se formaría *chateador* y del sustantivo *chat, chatero.* En *alunicero,* en cambio, se parte de un *alunizar* con un sentido irónico de 'aterrizar en la luna de un escaparate'; las reglas de formación de palabras debieran haber conducido a *alunizador,* y, sin embargo, ahí tenemos «la banda de *aluniceros* desarticulada tenía propiedades valoradas en más de 50 millones». He ocultado antes, para no complicar las cosas, algo que el lector habrá descubierto por su cuenta: que junto al sufijo *-ero* tenemos *-ista*, más moderno, que va poco a poco imponiéndose al anterior; de momento se mantienen casos, como *bañero* ~ *bañista*, en que las palabras que se han acogido a uno u otro sufijo tienen así significados distintos.

Un buscado tropiezo puede venir de la elección de la palabra base de la que se forma el derivado, y no del sufijo. Un periodista se refiere a alguien que es *reglamentarista* (inexistente en el diccionario) en lugar de *reglamentista,* pues no se da cuenta de que, si se tilda así a una persona, no es por ser *reglamentaria,* sino por excederse sirviéndose del *reglamento*. Aunque las cosas pueden ser más complicadas: al dibujar Manuel Vicent un invierno muy *rigoroso* (en lugar de *riguroso*) parecería que se hubiera apoyado en el sustantivo *rigor*, si bien podría estar partiendo del raro adjetivo *rigoroso*, que responde al uso de Ortega y Gasset, de Clarín y de Gabriel Miró; con lo que evita el manido *riguroso* aplicado al invierno. Del mismo modo Juan José Millás se refiere al «*pulverulento* reino de los tribunales», acudiendo a un latinismo hoy desusado, dejando en el tintero el tan manoseado *polvoriento,* tan oportuno en su aplicación a los tribunales.

Aunque la mejor forma de hacer notar la distancia que podemos tomar con lo esperable consiste en contaminar el significado de una palabra con el de otra con la que se puede establecer alguna relación familiar: Fernando Savater escribe citando a un escritor francés: «un universalismo no imperial, fundado sobre el *descentramiento* y el sentido de la diversidad de las encarnaciones de lo universal»: por medio de ese *descentramiento* da el esquinazo al excesivamente normal *descentralización,* acercándolo a propósito al significado de *descentrarse.* Es el mismo proceder que tuvo Ortega y Gasset por medio de *ilusionario*: «Sentía Renan el mundo como una armonía. No era ilusionario, no pensaba que todas las cosas fuesen buenas», donde *ilusionario* es como un *ilusorio* despojado de todo lo que tiene este de negativo, a la vez que añade el entusiasmo de la ilusión que está en la base de esta formación. Si tensamos al máximo la cuerda puede uno escaparse a la lógica, como hace Juan José Millás para montar la broma siguiente: «en la Tierra no se podía vivir sin cuerpo, porque aquí todo es muy corporativo», donde *corpóreo* y *corporativo,* siendo de la misma familia, nada tienen que ver en su significado.

Se puede sobreactuar en la ruptura de las reglas de formación de palabras, como vemos en elecciones del sufijo *-ero,* que, a pesar de haber quedado anticuado, se logra imponer a veces a otros más actuales, como *-ista,* para dotar de un matiz despectivo a la palabra formada. Leemos *futbolero* en un artículo de Rosa Montero en lugar de *futbolista; gramatiquero*, en lugar de *gramático,* en otro de Francisco Umbral y Gila llamaba *multeros* a los guardias municipales. Ya hemos visto cómo ha estallado por simpatía el sufijo *-ero* en estos extraños casos de sustantivos procedentes de verbos como son *chateros* y *aluniceros.* De ahí que para algunas ocupaciones socialmente marcadas se haya recurrido a él: se llama *culero* a quien trafica con droga que ha escondido en el recto para eludir el control policial, *pajillero* a quien masturba a otros, y *chapero* al homosexual que prostituye su cuerpo; a lo que podemos añadir *descuidero* y *bolsillero*: «con los respetables carteristas conviven hoy los bolsilleros y los descuideros». La inicial marginalidad respecto a la lengua general, por darse en ámbitos juveniles, ha facilitado también formaciones como *poperos* o *raperos* (de *pop* y *rap,* respectivamente) o que se hable de un «ambiente metalero» (de *heavy metal*).

Incluso los adjetivos con el sufijo *-ero* siguen manteniendo esa condición de disidentes: «En el mercadillo expero», referido al comercio existente dentro de la Exposición Universal sevillana de 1992; «los puentes festeros», por festivos; «Luego llegaba Semprún, que es el menos ministrero de todos los ministros», es decir, el que ejerce menos como ministro; «un filtro milagrero que despertase en nosotros el héroe filantrópico que llevamos». Y no sorprende que este uso incida en aspectos negativos de la realidad designada: «no nos perdemos en discusiones politiqueras», o —con algún problema en la base de derivación— «a los arzulleros y roqueros les va bien salir en la foto del consenso» (se trata de los seguidores de los políticos Xavier Arzalluz y Miguel Roca), o «Con los novísimos me quito el marchamo socialero de una vez», dicho por José María Castellet.

A lo largo de la historia se ha buscado contaminar algunas palabras por vía prefijal o sufijal, convirtiéndolas en insultos: los *neogramáticos* —*junggrammatiker* 'jóvenes gramáticos' en alemán— fue un compuesto despectivo con el que se designó en el siglo XIX a quienes disentían de la filología tradicional y hoy sus seguidores no tenemos el menor empacho en llamarnos así; del mismo modo que el término *beatniks* se inventó a mediados del siglo pasado, tras la publicación de *En el camino* de Jack Kerouac, como una referencia despectiva hacia la generación *beat,* que los propios escritores pertenecientes a este grupo —es el caso de Allen Ginsberg— rechazaron, pero que ha terminado por perder para casi toda la gente esa connotación negativa con que nació. No voy a entrar en detalles de su formación —que está muy bien explicada en la propia Wikipedia— ni de su etimología —que también lo está allí—, en la que se parte de la fusión de *beat* y del nombre del satélite soviético *Sputnik* (con malas vibraciones semánticas en el universo estadounidense de aquel momento), para cuyo sufijo se ha dado también la explicación que recoge Eduardo Haro Tecglen: «*-niks* venía del yidish y tenía un sabor ruso-comunista, una forma despectiva, como el *-ucho* del castellano».

Pero, a diferencia de los dos ejemplos anteriores, lo normal es que estas creaciones, hechas de una en una, no hagan, como las golondrinas, verano. Son más un recurso momentáneo de la ironía o del sarcasmo, para huir de la argumentación. Por ello, ante una inveterada costumbre de que se publiquen algunos decretos o decisiones problemáticos en el mes de agosto, salta de vez en cuando a la prensa el sustantivo *agostidad,* colocándole el sufijo que hubiera aparecido en *nocturnidad,* como un agravante más: «¡Fue con premeditación, alevosía y agostidad!». Del mismo modo, golpeado por el mal uso de la amistad en esta vida pública nuestra de cada día, Emilio Lledó se siente necesitado de desarmarlo, por medio de un sorprendente *amigante,* bien acompañado de un comprensible *amiguete,* desvelando así, como sin querer, todo lo negativo que puede ocultarse tras esta palabra: «aquellos defensores y administradores de lo público que sacan provecho privado, como paradójicamente decía aquel ministro a sus clanes oligárquicos, a sus amiguetes o amigantes». Igual que, harto del mito del *sesentayochismo*, Delfí Colomer dio un tornavirón sufijal refiriéndose a quienes habían puesto sus esperanzas en que el Mayo del 68 llegara a cambiar las cosas: «toda una generación de sesentayochardos». Como Carlos Ares hace lo mismo con respecto a la gente de cultura cuando le asesta un ominoso sufijo *-osa:* «el odio que Juan sentía por la élite *culturosa* de la ciudad». Juan Pablo Fusi esdrujulea así el adjetivo *pedante:*

«Sin incrustaciones pedánticas, como recomiendan en Oxford que se escriban los libros de historia». Y Juan Cueto degrada por medios estrictamente sufijales los símbolos que se suelen portar en una manifestación: «Los extras izaban ensayadamente sus pancartas y *simbolorios*».

En todos estos casos son los sufijos los que amañan el significado de las palabras, y hasta pueden dañarlo un tanto reforzando exageradamente su lado expresivo. Lo cual puede llegar incluso a los nombres propios, muchos de los cuales tienen más alterado el pulso que los comunes. Si Javier Sampedro se refiere a los *rovíridos* es porque el sufijo *-ido* se relaciona con el que contienen las voces *cánido, arácnido* o *bóvido*. Un conocido me proporciona un titular de prensa en que aparece «el portavoz peneuvita», en lugar de *peneuvista;* no se dio cuenta de que se trataba de una errata y pensó en una creación como la que antes se había hecho con *monclovita,* que apuntaba a *moscovita,* para insinuar la semejanza de la política del Moscú de antaño (y, tal y como están las cosas, hasta de hogaño) con la del Gobierno de entonces. Es el mismo efecto que logra Juan José Millás al referirse a «la sucesión aznarita», o Manuel Vázquez Montalbán al hacerlo a los «balances aznaritas eufóricos», u otra vez Manu Montero con «el gremio *hachebita*», aplicado a Herri Batasuna (cuyas siglas son HB); en todos estos casos el sufijo apunta a *hachemita,* adjetivo que muchos occidentales asimilan a un comportamiento no democrático. En el decorado sufijal del artículo a que he acudido de Manu Montero se hacía referencia también al «gran éxito publicitario de la *abertzalia*», en el que al lexema esperable se le une un inesperado sufijo derivativo *in fashion* propio para la formación de colectivos, al que me referiré en el capítulo siguiente. En ese desarme del significado de la palabra a que lo somete el sufijo por la contaminación con otros, tenemos la *dirigencia* de un partido político, a la que se refiere Miguel Ángel Aguilar, sustituyendo con ella a la *dirección,* que es como cruzar su significado con *insurgencia,* para que se vea así que un partido de orden sufre la interferencia de aquello contra lo que cumple luchar; que es casi lo mismo que hace Carlos Fuentes con *texagogo,* aplicado a Ross Perot, entrecruzándolo con *demagogo.* Me atrevería a presentar como una broma lo que en realidad pertenece al mundo de lo insufrible: según cuenta Juan Goytisolo, en el prólogo a la edición de la correspondencia entre José Lezama Lima y José Ángel Valente, este le había enviado a Lezama la *Guía espiritual* de Miguel de Molinos, que incautaron los policías cubanos pensando que la palabra *espiritual* hacía referencia al *espiritismo.* Es una buena muestra de los riesgos que entraña que la policía no maneje bien las reglas de formación de palabras.

El problema de estos ejemplos que —salvo el último— tanta gracia pueden hacer de momento es que, con el paso del tiempo, muchos de ellos pueden volverse productos desangelados del ingenio, mientras terminan por desaparecer. Lo digo para quien esté preocupado en demasía por estos juegos, pues en su creación llevan sus autores la penitencia. Claro que me estoy moviendo en el marco de lo tolerable, dejando de lado aquellas gracias que cruzan la frontera del decoro.

V
De algunos excesos referentes a la formación de palabras

Dedicaba el capítulo anterior a explicar lo que la elección de un sufijo puede tener de juego, tanto más atractivo cuanto más nos arriesguemos a romper con las normas. Dejaba de lado, para otro momento, algunas precauciones que debiéramos tomar en este campo tan creativo para el hablante, particularmente en lo referente a los excesos que se pueden cometer al forzar las cosas cuando hablamos o escribimos; algo que solemos hacer a menudo por nuestro deseo de ser expresivos. El conocimiento de la lengua que tenga el hablante, sus lecturas y entrenamiento le ayudarán a no excederse en esas rupturas y a no llevar las cosas directamente al fracaso. Es evidente que esto no lo facilita la progresiva desaparición a que hemos asistido del estudio de la literatura en el bachillerato, que se complementa con esa presentación que hizo Vicente Molina Foix de algunas personas de finales del siglo pasado: «El hombre de la calle suele ir por la calle ahora con un *walkman,* con un móvil, con prisa, llevando en la cabeza, más que un hueco para el poema, un microchip de eslóganes y currículos». Sin leer más y sin apagar a tiempo esos ya anticuados *walkman,* que en la actualidad se han convertido en *iPods,* no es fácil moverse con tino por entre los sufijos, aunque, para no ser injusto, no falten quienes van oyendo en estos aparatos una conferencia o estudiando un idioma, pues no toda modernidad supone dar un paso atrás.

Forcemos el significado de los sufijos

Empezaré por decir dónde pongo los límites. No considero un exceso romperle la espina dorsal a un sufijo en casos como el de un anuncio que se dirige a animarnos a participar del «otoño inversor» que va a tener lugar en un centro comercial, o de una «jornada vendedora» que se va a suceder en otro comercio. Son usos que sorprenden, sin escandalizar, salvo si se abusa de ellos. Porque en cuanto al contenido de tales mensajes, se entiende bien, en el primer caso, que merece la pena invertir comprando en ese otoño y, en el segundo, que es un día dedicado de un modo particular a la venta. Me sorprendí la primera vez que me encontré en Francia, en un pasillo de una universidad, con el rótulo «couloir non fumeur» ('pasillo no fumador'), pero no tuve problema para entender de qué iba, pues era obvio que un pasillo no fuma y que de lo que se trataba era de que no se podía fumar allí.

Es normal esta manera que tienen los sufijos de salirse de su cauce, para llamar con ello nuestra atención y ayudarnos a alejar el aburrimiento. De este modo, cuando leemos «Mariah Carey. Vuelve la artista más vendedora de todos los tiempos», no nos cabe duda de que no se dedica a vender sus discos sino que estos son los más vendidos. Es lo mismo que ocurre con «el espectáculo, que se estrena hoy en Madrid, ya ha vendido 120 000 entradas», que no significa que el propio espectáculo sea el vendedor, y un caso equivalente al de esa *fiebre cazadora* en «ha entrado una fiebre cazadora» 'fiebre de cazar'. Y, por poner un ejemplo de otro sufijo, ahí tenemos el adjetivo *ferroviario* en «puesta de sol ferroviaria», que no se trata de una puesta de sol que nos regale la Renfe, sino contemplada desde las vías del ferrocarril, en un cuadro de Hopper titulado así, que he visto en una exposición del museo Thyssen de Madrid. Claro que en estos cambios existen unos límites que cada uno pone donde le parece, casi nunca en la lógica. Los escritores, precisamente por su capacidad de disentir, pueden darnos alguna orientación sobre esto, como hace Juan Goytisolo cuando se pregunta: «¿Puede haber en verdad un autobús sionista? ¿Por qué no entonces un taxi católico o una bicicleta budista?».

Espero que el lector no se haya ido acelerando —dicho esto en sentido figurado— con estos ejemplos y haya terminado por enfadarse con las rupturas del significado normal en el sufijo *-dor* —y en otro *-ero* que se encontraba por allí—. Son desplazamientos de significado que se dan igualmente en el léxico, a los que estamos acostumbrados y que no crean el menor problema. Solo si nos empeñáramos en una aventura que no se hubiera atrevido a emprender ni siquiera Belarmino, aquel entrañable zapatero filósofo de una novela de Ramón Pérez de Ayala, de organizar la lengua de acuerdo con unos criterios lógicos —naturalmente los propios—, nos sorprendería que se pueda decir «Juan dio un paseo triste», cuando es él quien está triste, no el paseo; o que podamos encontrarnos con una habitación *conservadora,* como aparece en la traducción de *La ventana alta,* de Raymond Chandler; u oír a un taxista que «esta calle corre muy bien», como si realmente fuera la calle la que se moviera en lugar de movernos nosotros por ella. Estamos ante una de las figuras más eficaces de la retórica, la *hipálage* (del griego *hypallagé* 'cambio'), que encuentra su mejor ejemplo en el siguiente verso del libro VI de la *Eneida*: «ibant obscuri sola sub nocte per umbram» ('iban oscuros bajo la noche sola a través de la sombra').

Proponía antes al lector jugar con la lengua. Con ese fin le animo a observar cómo juegan los demás con una razonable libertad y alternan varios sufijos con el fin de llegar a una mayor precisión significativa. Lo hace así Jorge Wagensberg, por medio de la distinción que establece entre *creyente, crédulo* y *creedor:*

> ... los creyentes que creen en la razón viven una contradicción crónica. Por un lado, el creyente tiende a asumir verdades que la realidad puede confirmar, pero nunca desmentir; esto es, la fe del creyente siempre es compatible con los sucesos y objetos de este mundo.
>
> Un crédulo es alguien que asume una verdad fácilmente, sin exigir demasiadas garantías a la realidad que debe soportarla.
>
> Creedor: el que cree con garantías razonables y está dispuesto a cambiar la verdad vigente por otra más coherente (con menos contradicciones) y/o más completa (con menos lagunas). Un científico, como científico, es siempre un creedor de la creencia en que trabaja, nunca un creyente o un crédulo. Por eso el científico necesita creer, partir de una creencia. Cree en una idea, pero luego la pasa por el método.
>
> En resumen, *creedor* sería el que exige todas las garantías que la realidad pueda ofrecer en un momento y lugar, *crédulo*, el que exige muy pocas, y *creyente*, el que no exige ninguna. Ser creyente es el grado máximo de credulidad, el caso más grave.
>
> No conviene ser creyente, porque cualquier día caemos en la cuenta de que falta un nuevo derecho o un nuevo matiz. Yo apuesto por los creedores. Y si a la hora de organizar la convivencia humana hay que elegir entre un creyente o un crédulo, por favor, que sea un crédulo.

No es necesario que los lectores estén de acuerdo con la sutileza de las matizaciones anteriores en derivados del verbo *creer,* para reconocer que es una posibilidad que tenemos para deslizarnos gradualmente por ese arco tan variado de matices en el significado de las palabras, tan parecido a las pequeñas diferencias que se dan en el tránsito de un color a otro. Se ha logrado distinguir *laico* de *laicista* en textos como el siguiente de Adela Cortina: «las sociedades son pluralistas, no laicas. El que tiene que ser laico —no confesional ni laicista— es el Estado»; Gregorio Peces Barba solía hacer una distinción entre *laicismo* y *laicidad,* reservando el primero de los términos para expresar una separación militante entre la sociedad civil y la religiosa, frente a una separación más respetuosa entre ellas, por medio del segundo. No sé el grado de aceptación de las ideas reflejadas en la distribución de significados entre *laico* y *laicidad* y paralelamente entre *laicista* y *laicismo;* pero, con independencia de las discrepancias ideológicas, se trata en todos estos casos de una forma razonable de poner las fichas en el tablero, para ver si otras personas quieren jugar con ellas o prefieren adentrarse por un juego diferente.

No conviene, sin embargo, excederse

Me refiero a la posibilidad de distanciar excesivamente las elecciones que los hablantes —generalmente escribientes— hacen de los sufijos y las que podríamos considerar normales. Sin tratar de establecer con precisión matemática qué puede considerarse normal, sí me atrevo a interpretar como un exceso el que encontramos en un chiste de Forges, cuando hace decir a un personaje, mientras empuja un carrito de niño, con un hijo ya mayor sentado en él: «El empujante del evento ruedal soy yo», que es una forma de hablar que nos hace gracia por lo que tiene de pedante. Sería muy raro que echáramos mano de creaciones como estas, propias de los tecnicismos, y nos apropiáramos de *empujante* o *ruedal* (y hasta de *evento,* si se me apura), que aparecen aquí, a menos que pretendiéramos hacer reír a nuestros interlocutores, que es lo que consigue Arniches cuando en *Los caciques* pregunta un personaje: «¿Da usted su aquiescencia penetrativa?» por «¿puedo entrar?».

Se trata de excesos en los que lo que se percibe a primera vista es el vestido, no la precisión conceptual que parecería arropar. Quien no se dedique al estudio de la lengua del siglo XV pensará que se trata de una broma un texto escrito totalmente en serio, como el siguiente del marqués de Villena, obsesionado por crear una lengua literaria que se asemejase todo lo posible al latín, para de ese modo mejorar las posibilidades expresivas del romance:

> Pensastes susçitado en mí fuese calor pierio musal a exordir consolatorias razones factrices de consolación, a vos Johan Fernandes de Valera, propulsado con vuestra carta electiva de piadosas razones, implorando de mí emanasen consolatorias a vos palabras, que ansiedades a vos perplejas propalávades tenían gemibundo. E non era en mí la dispusición tal, de muchos inplicado negocios, sin vagar, sin reposo, que ya ocho mensuras circulaciones lunares son al suyo reduzidas principio que fui cerca de vos.

La sensación que me produce este texto es muy parecida a la de otro de Julia Kristeva que leí hace ya bastante tiempo en un diario, aunque aquí no se trata ya de arrimarse todo lo posible al latín, sino de abusar ostensiblemente de determinados sufijos —me he permitido resaltarlos por medio de la cursiva—, que restallan con fuerza en el texto:

> ... la nación transicion*al* ofrece su espacio identifica*dor* (y por tanto reasegura*dor*), al mismo tiempo que transit*ivo* o transi*torio* (por tanto abierto, desinhibi*dor* y creat*ivo*) a los sujetos modernos: individuos irreducti*bles*, ciudadanos suscepti*bles* y potencialmente cosmopolitas.

Es una situación que se da también en el texto original del que se traduce:

> ... pensons la nation transitionnelle qui offre son espace identitaire (donc rassurant) autant que transitif ou transitoi-

> re (donc ouvert, désinhibant et créatif) pour les sujets modernes : individus irréductibles, citoyens susceptibles et cosmopolites en puissance.

No resulta sencillo entender la versión española de este texto, con un diccionario en la mano, por la cantidad de elementos implícitos en que se enmarca ese exceso de neologismos en *-dor, -orio* e *-ivo* que, de entrada, empachan al lector antes de que pueda abrir la mente a su contenido. Podría ocurrir que se refiera el texto a la transición entre dos tipos de nación, por medio de *transicional:* ¿la transición entre un nacionalismo fuerte y un nacionalismo de menor calado? No podemos saber si *identificador* es algo que identifica, porque pudiera ocurrir que se trate —frente a las reglas de la morfología— del lugar donde alguien o algo se identifican (aunque encontraríamos la pista más segura en el francés *identitaire*). Lo mismo ocurre con *reasegurador,* que en el diccionario solo se define referido a los reaseguros; y con el valor que pudiéramos dar a *transitivo*, 'de transición', cuya distinción con *transitorio* 'temporal' no resulta tampoco fácil de establecer. Tampoco se ve cómo aplicar a *territorio* el adjetivo *desinhibidor,* que tampoco aparece en el diccionario que manejo —en él *inhibidor* se define como 'que inhibe'—. Es de suponer que *desinhibidor* y *creativo* se refieran al *espacio* con un valor positivo, valor que deben tener quizá también los adjetivos *irreductible* y *susceptible,* que pueden atribuirse a los *individuos;* quizá *susceptible* aparezca con el significado de 'abierto', 'capaz de experimentar algo', posiblemente por influjo del inglés, pues en esa lengua *susceptible* significa 'sensible', en lugar del que le corresponde en español de 'propenso a sentirse menospreciado'. No obstante, tampoco esto facilita la comprensión...

El texto parece pensado para quien está acostumbrado a abrirse paso por las blindadas páginas de un tipo de ensayos en que, aparte de su importancia para la gimnástica —me permitirá el lector que traiga aquí a colación una palabra anticuada que ya conoce— mental, si no se está en el ajo, uno no llega a saber qué es lo que pretende decir exactamente su sibilino autor. Sembrar con demasía un texto de sufijos los convierte más en zancadillas para la comunicación que en un apoyo para esta. El hecho condiciona en gran medida el lenguaje filosófico, en el que, por huir de las trampas banales de la lengua cotidiana, a veces se abre una zanja que lo distancia excesivamente del lenguaje coloquial. Con lo que quien no tiene la condición de *connaisseur* de una determinada escuela se encuentra con una red de novedosas imprecisiones que emanan de los sufijos recién estrenados, con la sensación de que por huir de la arbitrariedad de los signos lingüísticos se cae de lleno en unos cuantos acertijos encadenados, y con el temor añadido de que muchos de esos términos no quieran decir nada.

Ciertamente la terminología refleja la organización de lo que podríamos llamar un dominio nocional al que pertenece una serie de palabras que se relacionan por su contenido, ya que el significado de cada una de ellas tiene que ver con el de las demás. Eso no justifica, sin embargo, que los términos creados se distancien excesivamente de otras palabras «normales» junto a las que aparecen. Por lo que sé, la ciencia no consiste en hacer experimentos terminológicos para poner puertas al campo mediante la atribución de etiquetas a cuanto se ve, como en el siguiente caso de Göran Hammarström, en un libro sobre las unidades lingüísticas, publicado en español en 1974, en que aparecen cosas como esta:

> Los prosodo-sílabos de sílabos del mismo silabema constituyen un prosodema de silabema. Los componentes de sílabo se agrupan en *componentes de silabema*, como en general los componentes de prosodo en componentes de prosodema.

A estas alturas de la vida me cuesta muchísimo ver al rey desnudo y callarme: lo anterior me parece sencillamente un disparate.

Del mismo modo, el lector que accede a una obra filosófica lo hace condicionado por la lengua común, desde la que interpretará muchos de esos tecnicismos dotándolos del sentido banal que tienen en ella. Ahí tenemos la traducción —excelente traducción de un texto tan difícil— que hace Jorge Eduardo Rivera de un pasaje de Heidegger al español, con el que animo al lector a que disfrute descifrándolo:

> Un útil no «es», en rigor, jamás. Al ser del útil le pertenece siempre y cada vez un todo de útiles [*Zeugganzes*], en que el útil puede ser el útil que él es. Esencialmente, el útil es «algo para...». Las distintas maneras del «para-algo», tales como la utilidad, la capacidad para contribuir a, la empleabilidad, la manejabilidad, constituyen una totalidad de útiles [*Zeugganzheit*]. En la estructura del «para algo» hay una *remisión* de algo hacia algo. De acuerdo a su pragmaticidad, un útil solo es *desde* su pertenencia a otros útiles: útil para escribir, pluma, tinta, papel, carpeta, mesa, lámpara, muebles, ventanas, puertas, cuarto. Estas cosas no se muestran jamás primero por separado, para llenar luego un cuarto como la suma de cosas reales.

Quizá para entender el texto encontremos una orientación en un fragmento en que José Ortega y Gasset —que no estaba constreñido por las barreras que no puede saltarse un traductor— trata de algo parecido, pero demuestra que uno puede despegarse algo de la servidumbre de la creación terminológica:

> ... todo lo que compone, llena e integra el mundo donde al nacer el hombre se encuentra, no tiene *por sí* condición independiente, no tiene un ser propio, *no es nada en sí* —sino que es solo un *algo para* o un *algo en contra* de nuestros fines—. Por eso no hemos debido llamarlo «cosas», dado el sentido que hoy tiene para nosotros esa palabra.

> Una «cosa» significa algo que tiene su propio ser, aparte de mí, aparte de lo que *sea para* el hombre. Y si esto acontece en cada cosa de la circunstancia o mundo, quiere decirse que el mundo en su realidad radical es un conjunto de algos con los cuales yo, el hombre, puede o tiene que hacer esto o aquello —que es un conjunto de medios y estorbos, de facilidades y dificultades con que, para efectivamente vivir, me encuentro—.

Aquel texto traducido de Heidegger, que no es de los más oscuros suyos, hubiera bastado a Belarmino, el personaje creado por Pérez de Ayala, para decidirse a construir su propia lengua: «Belarmino quedó pensativo un punto. Que los filósofos hablaban una lengua especial, ya lo sabía él; pero le cabía la duda si cada filósofo hablaba una lengua distinta, inventada por él mismo, o si todos hablaban la misma. Si lo último, entonces los filósofos eran, evidentemente, seres privilegiados, que habían llegado a la verdad absoluta por medio de la revelación directa».

A la abstracción por el sufijo *-idad*

En el fragmento traducido de Heidegger que he reproducido en el párrafo anterior se dejan ver algunos sustantivos en *-dad,* como *utilidad, capacidad, empleabilidad, manejabilidad, totalidad, pragmaticidad,* con el significado de 'cualidad, calidad o condición', que es el general que atribuye la gramática a este tipo de sustantivos; pero, con todo, no llegamos a un exceso como el de Xavier Zubiri al crear un *encineidad* a partir del inexistente adjetivo **encíneo*, que se hubiera formado a su vez del sustantivo *encina*. Quizá, ante esto, algunas personas se sientan tentadas a caer en alguna forma de *cascarrabicidad*. Los propios filósofos dan prueba de que hay caminos más llevaderos para el lector que el bombardeo sufijal de *-idad:* es el caso de *nostridad,* que, como señaló José Ortega y Gasset, «puede llamarse con un vocablo más usadero: trato». Que no es imprescindible recurrir a él nos lo descubre José Gaos en su traducción del *Ser y tiempo* de Martin Heidegger, al evitar las formas en *-dad* a que, en cambio, acudió después en su traducción Jorge Eduardo Rivera. Así, frente a la *no-llamatividad,* Gaos había preferido el *no sorprender;* frente a la *resistentidad,* la *condición de resistente;* frente a la *aperturidad,* el *estado de abierto;* frente a la *temporeidad* (partiendo del adjetivo innovado también *tempóreo*), la *temporalidad* (partiendo del adjetivo *temporal*).

La atracción del sufijo *-dad* ha llegado a la lengua coloquial, lo que Aurelio Arteta explica por el gusto de la abstracción, que debe ser la razón por la que un político explica que la decisión de que España pida el rescate a la Unión Europea dependería de la *condicionalidad* de Europa, que dicho llanamente equivaldría a decir que depende de las condiciones concretas que nos pongan. Pero vayamos a los ejemplos en que se basa Arteta:

> Abandonamos la *esencia* para ir directos a la *esencialidad,* la *sustancia* para atender más, bien a la *sustantividad,* la *circunstancia* para refugiarnos en la *circunstancialidad* y hasta la *diferencia* palidece ante la *diferencialidad.* Las formaciones políticas se disputan la *centralidad,* no simplemente el centro, y el Gobierno propone políticas de *sostenibilidad* porque ya no valen las de *sostenimiento.* Si antes la regla tenía su *excepción*, ahora tiene su *excepcionalidad.* Habrán de saber que la novela actual no cultiva el género de la *ficción,* sino el de la *ficcionalidad* y los mejores novelistas, perdida la *sutileza*, derrochan *sutilidad.* Hay muchos que se entregan a su afición con cierta *habitualidad,* cuando antes se dedicaban a ello *con alguna frecuencia.* Bastantes lectores se atienen a la *literalidad* de lo escrito, en lugar de atenerse a la *letra.* Y si ustedes leyeran despacio los prospectos técnicos, se enterarían de que sus aparatos cuentan con un dispositivo de *conectividad,* o sea, de *conexión;* e incluyen mejoras de *usabilidad,* pero no de *uso.*

Este *usabilidad* es uno de los más claros síntomas de esta enfermedad sufijal que estoy comentando, tanto como para que Juan José Millás le haya dedicado un recuerdo:

> Anda por ahí una Asociación Profesional de la Usabilidad cuyos promotores exigen el advenimiento de abrelatas sencillos, de teteras funcionales, de mandos a distancia comprensibles y así de forma sucesiva. Se les podría reprochar la invención del término *usabilidad,* de embarazoso uso, pero ellos mismos se han adelantado a las críticas explicando que lo han alumbrado adrede, para que el público comprenda lo molesto que es tener cosas con las que no sabes qué hacer (con *usabilidad* ocurrirá lo mismo que con la bicicleta estática: que acabará en el trastero). El argumento nos parece poco consistente, como si alguien fabricara una rueda cuadrada para hacernos comprender las virtudes de las redondas. Sabemos que lo que define a la rueda es rodar. Confiesen, en fin, que han puesto *usabilidad* porque se les ha escapado. No pasa nada.

Ya advertía al sufrido lector, al final del apartado primero de este capítulo, de que aquello de la *laicidad* me parecía una creación aceptable; pero depende de dónde uno se coloque para que se lo parezca o no. Desde luego hay gente que no es partidaria del invento, para lo que hay mil formas de demostrarlo: desde decirlo abiertamente o hacer como un periodista que, con el fin de banalizar esta distinción, crea un irónico *gaycidad* para referirse a la condición de los gays, como yo creé antes, con el mismo fin, un *cascarrabicidad* que espero no perdure.

Primer excurso: de la abstracción a la burocracia

Vamos a bajar un peldaño en la formalidad —¡ya me he contagiado del sufijo *-dad*!—, como si fuéramos ángeles caídos que llegan de las alturas de la filosofía al ras de tierra del *burocrático ilustrado* o del *español deleznable,* o de la *fabla de moda* o del *neocastellano,* que de todas estas formas se designa una manera banal de expresarse que no me parece necesario explicar al lector. Ya hemos llegado aquí para ver que en lugar de retorcer las palabras para darles nuevos y peliagudos significados se puede lograr lo mismo por una especie de chalaneo sufijal. Que no otra cosa es apropiarse de aquellas opciones que no conducen a mejorar la precisión de lo que uno ha de decir, pues funcionan sobre todo como indicadores sinuosos de adscripción a un grupo de ejecutivos agresivos, de investigadores en punta —según ahora se dice—, o de sociólogos, economistas, políticos con futuro y, si se me apura, de aquellos a los que hace unos años se designaba como «jóvenes, aunque sobradamente preparados», que quieren parecerse a todos los anteriores.

Hay textos escritos en serio a los que el caos sufijal, combinado con el no menor caos semántico, da el aspecto de ser una simple broma, como los que siguen: «todo lo cual confluye en la inexistencia de datos fácticos determinantes a los fines de estructurar su condición de imputados»; «Todos estos organismos públicos, sean sectoriales básicos o pluridisciplinarios, poseen un carácter similar: una institución capaz de abordar los retos transdisciplinarios que suponen las tecnologías emergentes. No tiene que existir solapamiento entre los distintos organismos públicos»; «Que se provea un oficio a la Agencia Tributaria para no incurrir las partes en el plazo de los seis meses al óbito del acto jurídico documentado»; o, finalmente, «Los sistemas operativos tolerantes a fallos permitirán aumentar el nivel de integridad de la información», que un informático me asegura que a él le parece muy bien, pero que a mí me deja enteramente frío.

Junto a ellos, otros textos, pensados en broma, tienen toda la apariencia de haberse escrito en serio; tan bien se condimentan en ellos los dislates morfológicos con otros sintácticos y semánticos, como ocurre en este de José Luis Moralejo:

> Y nada menos que un tema que en estos días está siendo controlado a nivel de realineación y en base a un redimensionamiento, yo diría un poco de alguna manera que dentro de coordenadas con vectores propensos a una semántica de aminoración de las equivalencias de la unidad monetaria del Estado Español con otros especímenes de la economía comunitaria.

O en este otro del periodista salmantino Enrique de Sena:

> Pues oiga, amigo, abortada la irrelevante lógica de las hasta ahora formas de acción, bien pudiéramos atrevernos a sugerir que las direcciones educativas en el sentido del progreso con el aumento constante en cantidad y en extensión de nuestra actividad enseñante, podríamos llegar a un relanzamiento especifico de todos los sectores implicados, más con la superación de las experiencias periclitadas y de las actitudes de los miembros hacia sus deberes ineludibles, aseguraremos en todo caso un proceso muy sensible de inversión.

No soy tan ingenuo para pensar que todo esto que estoy criticando se escribe así por equivocación o por despiste. Está implícita la idea o, mejor, la ficción de que se trata de una forma muy particular de un tipo de relato —por servirme del término de moda— hecho para reducir la comunicación al grupo limitado de los entendidos, únicos capaces de llegar a comprender la profundidad de lo expresado; lo que enlaza con otra ficción más, la de que expresarse así supone un esfuerzo para traducir al lenguaje natural un complejísimo entramado de significados, paralelo al de los lenguajes especializados de la ciencia, técnica, etc. Ante esto, quizá debiéramos obligarnos —como hizo Raymond Chandler, por otros motivos— a aprender de nuevo nuestra lengua, como si de un idioma extranjero se tratara. Lo más grave de todo esto es que esa particular forma de esoterismo que consiste en oscurecer nuestras ideas a los demás, pensando que así mejoran los conceptos, puede contribuir a que ni nosotros mismos sepamos qué es lo que queremos decir, que es un buen camino para lograr un desacuerdo general.

En este descenso por las laderas que permiten ir de la jerga filosófica a la burocrática, nos hemos solido agarrar, para no despeñarnos, al sufijo *-dad*, mientras contemplábamos cómo surgían acá y allá otros sufijos. Al no poder tratar los excesos cometidos en todos, vamos a examinar por encima algunos que están de moda, para extraer algunas conclusiones sobre su empleo; lo haré por medio de los sufijos *-alia,-ing* y *-azo.*

El sufijo *-alia*

Ha surgido *-alia* en el ámbito de internet y llegado a los medios impresos para crear denominaciones de muy diverso tipo, particularmente en lo que se refiere a la publicidad comercial: empresas, sobre todo emergentes, centros y tiendas —*online* muchas de ellas—, marcas de productos, nombre de revistas, colecciones de libros, ferias, actividades y programas de variada índole, y, por supuesto, foros de discusión o bitácoras personales de la red.

Aunque no se trata de un sufijo de origen latino, aparece con un aire clásico del que emana un cierto prestigio. Unos pocos casos, seleccionados aquí entre más de doscientos cincuenta, dan cuenta de su penetración y de la variedad de significados que ha adquirido: *animalia* (nombre de clínicas veterinarias y de servicios de asistencia a animales domésticos; páginas webs; revista sobre derechos de los animales; programa de televisión)*, aqualia* (empresa de gestión del agua; escuela de buceo; espectáculo infantil; marca de un producto de perfumería)*, bacchanalia* (tienda *on line* de vinos)*, criminalia* (revista de la Academia Mexicana de Ciencias Penales; blog sobre historia de la delincuencia)*, didascalia* (centros de formación; empresas y blogs educativos. Curiosamente, en italiano significa 'pie de foto' y tiene en esa lengua también un significado técnico en el teatro), *floralia* (ferias y exposiciones de plantas; herboristerías; marcas), *focalia* (consultoría de organización y procesos de negocios y tecnología informática), *foralia* (urbanismo; obras y servicios), *herbalia* (jardinería; productos naturistas; marca de cremas), *juvenalia* (feria anual de la juventud), *liberalia* (blog de poetas y narradores; tiendas de informática; bodegas), *marginalia* (revista de la Academia Iberoamericana de Poesía; blogs), *moralia* (revista del Instituto Superior de Ciencias Morales), *nautalia* (agencia de viajes), *nivalia* (salón de la nieve; nombre de hotel), *structuralia* (programa de formación especializada concertada entre varias universidades), *vialia* (así se llama ahora la estación de ferrocarril de Salamanca), *vinalia* (vinotecas; bodegas y distribución), *virtualia* (informática; comunicación y gestión).

Forges ha aprovechado el sufijo en sus chistes, para enmarcar por medio de él algo que se conoce como *de rabiosa actualidad*. Aparecen edificios con grandes letreros en que puede leerse: «Broncalia Inc. Desleal oposición and yours palmers», o «Descaralia Ibérica de trinques», o «Corruptalia. Asesoría de mafias municipales», o «Chorizalia. Asesoría urbanística». Por si eso no bastara, pueden llevarnos de lleno a la realidad un par de furgonetas que dibuja el humorista, con leyendas como «Forralia. Maletines de urgencia a domicilio» o «Crudalia de proyectos levantinos».

Añadiré que de la mano de *-alia* van otros sufijos que tienen el mismo aire de creación culta latina y que ocupan su mismo espacio. Ahí tenemos *bocadelia, internelia, movelia, aprilia*; *depilaria* (salón de belleza); *colectania, habitania, recetania, orizonia* (grupo turístico con varias empresas), *destinia* (agencia de viajes), *oportunia* (programa de Cruz Roja de Castilla y León para la integración de la mujer inmigrante), *faunia* (parque temático y biológico); *biodiversia* (plataforma interactiva del Inventario Español del Patrimonio Natural y de la Biodiversidad); o *bankia* (entidad financiera originada por la fusión de siete cajas de ahorros). Algunos de ellos tienen, incluso, su doblete en *-alia*: *colectania* y *colectalia*, *habitania* y *habitalia*, *recetania* y *recetalia*, *internelia* e *internalia*. Con este tipo de formaciones se ha tratado de atraer la atención sobre la existencia (y la calidad) de unas propuestas —empresariales o no, colectivas o particulares— mediante el recurso a una innovación supuestamente prestigiosa a la que se atribuye cierta eficacia para predisponer de forma favorable la voluntad del futuro cliente o usuario.

Son significativas, a propósito de *Faunia* y *Bankia*, ya mencionados, algunas aclaraciones recogidas en la prensa. Sobre *Faunia*, un «inventor de palabras» cuenta a un periodista que uno de sus «primeros trabajos fue poner nombre a lo que era el Parque Biológico de Madrid. "Era un sitio al que no iba la gente. Fue rebautizado como *Faunia* y empezaron a formarse colas"». Con *Bankia* se pretendió también buscar un nombre eufónico y efectista, como se induce de lo que dijeron los responsables del nuevo banco: «El nombre es próximo, fácil, dinámico y directo según Rato», que me parece más adecuado en su imprecisión que el recurso a un surrealismo fonoestilístico como el siguiente, con el que el presidente de Caja Segovia «explica que la "B" inicial representa "un corazón" que está llamado a convertirse en el distintivo de la nueva firma. Subrayó que la "i" alude tanto a la integración de las siete entidades como a la integración de banca y ahorro. Comentó que la "fusión" de la "n" y la "k" también refuerza la idea de "integración". Apuntó que la "a" final representa "apertura", frente a la "o" cerrada de banco. Y concluyó: "Bankia, además, nombre de mujer. ¿Qué más se puede pedir?"». Realmente nada.

Estuvo de moda esta terminación en *-alia*, tal como se destacaba en 2007 en un portal de *dominios* al anunciar la oferta de dos de ellos, aún sin dueño: «the new-fashioned suffix *-alia*»; de ahí su éxito sobresaliente, y como consecuencia de él, su multiplicación hasta el exceso. Pero la plétora ha llevado a la banalización de la novedad y al hartazgo, hasta provocar abiertamente tanto la censura del recurso en algunos comentarios de usuarios de internet, como su caricatura. Cabe preguntarse, por eso, por la permanencia en el futuro de esta creación, que no es popular, sino un recurso comercial cuya existencia es fundamentalmente virtual, el *medio*, obviamente, más inestable.

El sufijo *-ing*

El sufijo de nuevo cuño *-ing* ha adquirido también un cierto prestigio, aunque no compartido por todos los hablantes, como se puede inducir de la distinta reacción que he visto en unos y otros ante el hecho de que un cantante llamado Ricky Martin haya titulado una de sus canciones «Living la vida loca». Se entiende por ello la preocupación de un filólogo como Francisco Gómez Ortín, que se preguntaba por la tarea que le iba a ocupar a la Real Academia Española buscar «paralelos a los extranjerismos en *-ing*, de los que está sembrado el Diccionario oficial: *casting, catering, pressing, bullying, mobbing, brushing, ranking, feeling, consulting, footing, jogging, trekking, surfing,* y un largo etcétera». Aunque no están todos en el diccionario, entre los que se encuentran en él y los que no, la muestra es suficiente para inducir de ello que se trata de un sufijo que está penetrando en nuestra lengua, incluso en casos en que no se emplea en inglés. Antes de esta moda hubiera sido impensable titular una columna periodística «Naciendo», como hace J. Araujo, no sin alguna picardía, cuyo gerundio se refiere a algo que ocurre a lo largo de un tiempo, para mostrar que mientras estamos en Navidad todo nace; pero hace medio siglo lo probable es que se hubiera titulado «Nacer» o sencillamente «Mientras todo nace».

Unas cuantas palabras sufijadas así están ya instaladas en la lengua coloquial: *camping* 'lugar donde se acampa' (del inglés *to camp* 'acampar'); *parking* 'lugar en que se estacionan los coches' (por más que en inglés se usa más como adjetivo, en casos como *parking lights, parking space, parking lot*), incidentalmente, en la América hispana se prefieren *estacionamiento* y otras denominaciones de cuño español; *marketing* 'mercadotecnia'; *leasing* 'modalidad de contrato por el que se adquiere el uso de un determinado objeto —por ejemplo un avión, un camión, una grúa—, por un determinado número de años, con la posibilidad de adquirirlo definitivamente al final del contrato', con su sinónimo *renting*; *casting* («el reparto —*casting* se dice ahora—», Eduardo Haro Tecglen); *smoking* (que comentaba así Arturo Yepes: «Ninguno que hable inglés y que nos oiga *smoking* situará la prenda. Porque, a lo sumo —o sea, añadiéndole *jacket*—, le recordará una prenda suelta y cómoda para andar por casa, lo cual no es nuestro smoking, prenda en absoluto holgada: no te la puedes manchar con la ceniza del puro»); *standing* (*alto standing*; Maruja Torres opta por *alto estar*: «ejecutivos de alto estar»); *dumping* 'prácticas desleales de competencia'; *piercing*; *traveling*, implantado en la jerga cinematográfica y castellanizado en un *travelín* con una juguetona apariencia diminutiva; *mailing* (hacer un *mailing*) 'mandar por correo información política, publicidad, etc.'; *hosting* (*host computer* significa en inglés 'ordenador central') 'alquiler de espacio en un ordenador'; *lifting* (hacerse un *lifting*) 'estiramiento de la piel a través de una operación'; *peeling* (hacerse un *peeling*) 'limpieza profunda del cutis'. Aparece agazapado de distintas maneras en la babélica lengua de los anuncios de cremas, referido a una forma de antienvejecimiento: en uno leemos «Re-Nutriv Intensive *lifting* Serum. Suero antienvejecimiento y reafirmante»; en otro «nueva crema reafirmante anti-gravity firming *lift* cream, crème *lifting* fermeté».

Otras palabras llevan un camino ascendente: *hacking,* que cuenta como base con el verbo *hackear,* y este con el sustantivo *hacker* («El *hacking* es una forma de vida que no solo involucra a expertos informáticos. También a artistas visuales. Hablamos de *net-artistas*, artistas de la red»); *body-building*, que no me parece que haya desplazado a *culturismo*; *rating*, término bursátil que hace referencia al 'sistema de calificación de emisiones de la entidad que los pone en circulación'; *coaching*, formado en inglés a partir de *coach* 'entrenador' («Un método conocido como *coaching* pretende enseñarles a los directivos a sacar lo mejor de sus empleados; es un método de dirección que se basa en la capacidad de un jefe para sacar de sus empleados todo su potencial»); *coach surfing* (que Wikipedia describe como «un servicio de hospitalidad en línea. Al registrarse los miembros pueden localizar contactos en los lugares donde viajen y quedarse en sus 'sofás', así como también pueden hospedar a viajeros de cualquier parte del mundo»); *consulting* («Consulting tecnológico, Empresa nacional líder en transferencia y consultoría tecnológica de *software*»); *mobbing* («¿tienes la impresión de que tu jefe te sobrecarga de trabajo o te adjudica tareas que están por debajo de tus competencias? ¿Crees que tus compañeros ignoran sistemáticamente tus opiniones o te hacen el vacío? Si te ocurre alguna de estas cosas, estás siendo víctima de mobbing, un término inglés que traducido al castellano viene a ser algo así como hostigamiento laboral», Maite Suñer); *carving* 'modalidad de esquí practicada con unas tablas más anchas de lo normal' (en inglés *to carve* significa 'tallar, esculpir'); *feeling* («Gloria a Bush en las alturas y en la red, baudios a los broker de buen feeling», chiste de Forges); *cupping* («aplicarse ventosas parece una ordinariez indigna de una actriz de Hollywood. Eso del *cupping,* en cambio, suena infinitamente más *in* e infinitamente más *fashion*... ¡dónde va uno a comparar!», Fernando Navarro); *e-learning* («Mi objetivo, en relación con la comunicación sobre *e-Learning* adoptada por la comisión el 24 de mayo de 1999 se basa en la siguiente observación: "si no actuamos rápidamente en 2002 tendremos en Europa un déficit de especialistas en nuevas tecnologías digitales, superior a 1,6 millones"»; «Consultores e-Learning: Desde el área de e-Learning, Arthur Andersen da apoyo a sus clientes»); *cocooning* (hacer *cocooning*), referido a la posibilidad de disfrutar de los placeres de la casa, que se ha relacionado con la película *Cocoon* en la que nos visitaban unos extraterrestres que se reproducían mediante capullos; *puenting* 'lanzamiento al vacío desde lo alto de un puente de alguien sujeto por una cuerda', formado en español, parece el líder de formaciones que designan, si se me permite, actividades profundamente idiotas: *balconing* 'lanzamiento desde una terraza a una piscina' («El fenómeno que en foros de internet ha sido bautizado como *balconing* no es nuevo») o *gruing* 'tirarse al vacío desde una grúa'.

Si las cosas siguen así, preveo que en el futuro va a ser difícil encontrar trabajo si no se fija uno en indicadores de carretera como el «Euskal Forging», que se encuentra en el Goyerri, en la carretera de Vitoria a San Sebastián, o no se cae en la cuenta de que existen empresas como «Info 93 training center», o se pasan por alto en la prensa anuncios como los siguientes: «Project Sourcing Manager: un profesional con experiencia en puesto similar (gestión de compras)», «Planning Manager: Profesión con formación de Ingeniero Industrial que tenga experiencia en planificación de proyectos en el Sector Industrial», «roaming, que "se responsabilizará de definir y elaborar las directrices por las que deben discurrir las diferentes fases de proyecto». Quizá sea una buena idea acudir a la «English opening School» a aprender el inglés que se necesitaría para las «business Meetings».

Se me ocurre, mientras tanto, serenarme con lo que Luis Sepúlveda cuenta de los *machiguengas*, que debería servirnos de vacuna contra este sufijo:

> Los machiguengas hablan un español ceremonioso y rico en gerundios.
>
> —No lloviendo, buen tiempo haciendo, tú mucha suerte teniendo —me dirá mientras me acomodo en la proa de la embarcación.
>
> —No bañando —agregará luego al verme tocar el agua...

Quizá sea esta nuestra vía de escape para el futuro.

Segundo excurso sobre la relatividad de las cosas, incluso de los sufijos

No me parece que sea demasiado grave que haya gente que crea estar a la última por recurrir a sufijos como *-alia* e *-ing*, con la idea de que proporcionan el prestigio de lo que se tiene por sosegadamente clásico o por rabiosamente moderno. Acostumbrado como estoy a observar estas cosas de la lengua con los ojos de un historiador, me parece que la mayor parte de estos sufijos están prendidos con alfileres, por lo que lo esperable es que unos cuantos de ellos se abran paso por nuestra lengua, pero los demás terminen arrojados a la cuneta de lo inútil, tras una vida efímera.

El historiador sabe que con esos cambios los hablantes tratan de adscribirse a un grupo, que puede ser de camelistas, de eruditos a la violeta o de asesores de todo lo asesorable, que es una de las razones de las creaciones lingüísticas, según leemos en los ya citados *Juegos sagrados* de Vikram Chandra, a propósito de ciertas características del lenguaje de unos maleantes:

> Ahora ese era nuestro propio lenguaje, *kanchas* ['balas'] y *gullels* para referirnos a pistolas. La banda Cobra y el resto de bandas dirían *daane* para hablar de balas y *samaan* para hablar de pistolas, pero nosotros decíamos *kanche* y *gullels*. También alentaba esto, nos colocaba aparte del resto, nos hacía pertenecer más unos a otros porque hablábamos una lengua privada, y para convertirte en uno de nosotros tenías que aprenderla, y al aprender cambiabas. Lo vi en los chicos nuevos mientras trabajaban duro, pasar de simples *taporis* ['matón de poca monta'] de vecindario a *bhais* ['gánster'] respetados. Aprendían el lenguaje, y después cuál era el camino, y aparentaban ser algo, y después se convertían en algo. Y de esta forma para referirnos a los dólares americanos, decíamos *choklete,* no *dalda* como el resto del mundo; para libras esterlinas *laten,* no *peetal;* para *heroína* y *brown sugar, gulal,* no *atta;* para *policía iftekar,* no *nau-number;* un

> trabajo que había salido mal era *ghanta,* no *fachchad;* y una chica tan increíblemente turgente y redonda y prieta que dolía mirarla no era una *chabbis* sino una *churi.*

Con el tiempo se rompe con lo que fue una moda o con la necesidad de sentirse unidos quienes pertenecen a un grupo cerrado. Arrumbarán entonces entre los recuerdos todas aquellas peculiaridades en la expresión, convertidas ahora en formas sin vida. Este tipo de cosas suele degradarse de una manera directamente proporcional a la euforia con que se implantaron.

No es esa la situación del sufijo *-azo* por el que me voy a adentrar ahora, por más que haya también razones para pensar en lo provisional y efímero de sus ejemplos.

El sufijo *-azo*

Mis padres, que vivieron la *sanjurjada,* es decir, la sublevación militar del general Sanjurjo contra la República el 10 de agosto de 1932, no hubieran podido designar a aquel levantamiento como el *sanjurjazo,* pues este sufijo no se había habilitado aún para estos usos. Esta posibilidad se creó a partir del *bogotazo,* con que se hace referencia a lo ocurrido en Bogotá como consecuencia del asesinato de Jorge Eliécer Gaitán, el 9 de abril de 1948. A partir de ahí se han hecho normales creaciones —y, por desgracia, situaciones— como la del *serranazo,* como bautizó la prensa guatemalteca el autogolpe de Elías Serrano, que tuvo lugar el 25 de mayo de 1993; o el *fujimorazo,* que apunta a la manera como un presidente electo puede imponer un régimen autoritario, tal y como lo hizo Alberto Fujimori en el Perú, cerrando en 1990 el Congreso, anulando la Constitución y asumiendo poderes plenos con el apoyo de las Fuerzas Armadas. No me parece necesario explicar qué fue entre nosotros el *tejerazo.*

De una manera más modesta se ha aplicado el sufijo a personas relevantes, fundamentalmente en el mundo de la política, para criticarlas por alguna actuación que se tiene por reprobable, con independencia de que lo sea o no. Como se hizo en la prensa con el *gironazo,* que es como se designó la oposición frontal a un posible aperturismo por parte del político franquista José Antonio Girón de Velasco; o con actuaciones tan diferentes como el *piñarazo* (de Blas Piñar), *torcuatazo* (de Torcuato Fernández Miranda), el *felipazo* (de Felipe González), el *corcuerazo* (del ministro apellidado Corcuera, al que tanto le gustaba citar a Jaime Capmany, en el año 1993), el *garzonazo* (de Baltasar Garzón), el *pascualazo* (de Pascual Sala, presidente del Tribunal Supremo), el *pujolazo* (de Jordi Pujol) o el *montalazo* (de Agustín Montal, presidente del FC Barcelona).

El sufijo no se ha aplicado solo a personas, sino a acciones como el *pelotazo*, que explicaré —dejando de lado su aplicación a lo que te ocurre cuando te bebes un chupito de tequila— recurriendo a lo que dicen de ella dos periodistas. El primero, Jaime Campmany describe la voz con cierto barroquismo: «Se impone el fútbol, incluso en el vocabulario. Ahora al trinque grande o mangancia al por mayor se le llama "pelotazo". Pega usted un braguetazo político-administrativo mediante comisión, prevaricación, soborno, trapisonda, chanchullo, estraperlo o remanguillé bursátil, y es que ha pegado usted un pelotazo como los que mandan Koeman, Juanito o Felipe, no el de la Moncloa, sino el del Tenerife»; el segundo, Eduardo Haro Tecglen, comienza por hacer un poco de historia del tiempo pasado en que se creó el término: «Cultura del pelotazo se dijo entonces: el término, filológicamente feo pero expresivo, ha desaparecido», arriesgándose a hacer una previsión de futuro sobre él: «La palabra *pelotazo* entra en los diccionarios. La voz, apenas inaugurada ya está en desuso», y terminando por adentrarse por las raíces profundas de su significado: «se decidió que el dinero estaba en la especulación, y no en la producción».

A estas palabras se añaden muchas otras que han sido efímeras, empleadas la mayor parte de las veces en oposición al Gobierno, o a actuaciones que tienen alguna relación con el poder. Así, con independencia de quien gobernara, hemos asistido estos años a un abuso de este sufijo en creaciones que no vamos a explicar aquí, a las que periodistas y políticos les han dado vida. Tenemos casos como *catastrazo, decretazo, medicamentazo, tasazo, dedazo, telefonazo, talegazo*, *vadazo*, *recetazo*, *barbechazo*, *conveniazo*, *gasolinazo*, *inventariazo* o *tijeretazo.* Raramente las he encontrado con un sentido positivo, como el *borbonazo* con el que Francisco Umbral se refirió a una determinada actuación del rey, o el *litrazo*, aplicado a la manera como el *Litri* citaba a los toros de punta a punta de la plaza.

Si es posible que permanezca por mucho tiempo este mecanismo para formar palabras, resulta más difícil que se mantengan las voces creadas de este modo, tan ligadas como están a las luchas políticas cotidianas.

Cierre

En la mirada que dirijo de vez en cuando al pasado voy teniendo muy en cuenta los usos actuales, pues la idea que subyace en este libro es recurrir a la historia no solo para acceder a la memoria de la lengua, sino sobre todo para entender los usos del presente. Decía recientemente Arturo Pérez Reverte de unos cuantos arqueólogos que «pagaron puntualmente el precio de su vocación». Algunos filólogos, la verdad, hemos tenido más suerte: por lo menos a mí mi vocación no me ha creado graves problemas, salvo el del desaliento de quien percibe que pocas personas entiendan que —dicho también con palabras de Pérez Reverte— si es necesario «rescatar objetos del pasado para mejor comprender el presente», más necesario lo es aún en el caso de esos objetos tan particulares como son las voces de una lengua. Quizá me falte la fuerza de la escritura épica para convencer a la gente.

VI
Entre la creatividad y el desorden

Para entender la formación de algunas palabras que parecen extrañas voy tratando de animar al lector a que se apoye en la comparación de lo que le resulta desconocido con aquello otro que conoce, en cambio, bien. Sabe muchísimas cosas de su lengua, sin haberlas estudiado, que a un marciano que cayera por aquí le costaría mucho aprender. Un hablante culto tiene muy claro que quien le dirige la palabra puede pasarse de cursi y de pelma si abusa de los sufijos en *-ing;* y sabrá que ya no es prudente ponerle a su empresa un nombre que termine en *-alia;* del mismo modo que si oye referirse a un *decretazo,* lo probable es que piense —y acierte— que su interlocutor no es partidario del decreto que acaba de aparecer y consiguientemente tampoco de los políticos que lo han publicado. Se cuelan muchísimas informaciones en todo lo que oímos, que exceden al mero contenido de las palabras.

Pero bueno será contrapesar los entusiasmos con los problemas que pueden acecharnos, con el fin de tomar algunas precauciones ante una realidad más compleja de lo que a primera vista parece: desordenada y aun caótica, a la que ni siquiera le sirven las reglas escritas con letra pequeña a que me referiré más adelante. Trataré de adentrarme por ese desorden, intentando ver si se columbra en él alguna luz, como la que percibe un personaje de *El veredicto* de Michael Connelly, para quien «una escena del crimen es un mapa. Si sabes leerlo, en ocasiones puedes encontrar tu camino. La distribución, la posición de las víctimas en el momento de la muerte, el ángulo de las vistas, la luz, la sangre, las restricciones espaciales y las diferenciaciones geométricas eran distintos elementos del mapa». La lengua puede contemplarse como un mapa o como una casa en la que aparecieran muebles y objetos de diferentes épocas, adquiridos a lo largo de muchos años por familias de muy distinta mentalidad, restaurados unos, arrinconados otros en el desván... La forma como están distribuidas todas estas cosas puede parecer absurda, pero existe una explicación para cada una de ellas que puede animarnos, si la conocemos, a no reírnos de las fotos de los bisabuelos y a no desprendernos de ellas ni de unos cuadros que compraron nuestros abuelos, y a no vender la biblioteca de un tío nuestro, heredada por nuestros padres.

No podemos, con todo, confiar demasiado en nuestras fuerzas para dar con la razón de tantas excepciones como encontramos en la lengua, y, por ello, difícilmente llegaremos a las entrañas de todas ellas. Viene aquí como anillo al dedo el consejo —se lo tomo prestado a Gregorio Hinojo— de uno de nuestros mejores gramáticos —que vivió peligrosamente en la España de la Contrarreforma—, Francisco Sánchez de las Brozas: «de todas las cosas, incluso de las palabras, hay que dar una explicación racional», pero «si tras preguntarnos, la desconocemos, es preferible que confesemos que no la sabemos, antes que afirmar continuamente que no existe ninguna».

Reglas de letra pequeña para el curioso lector

Hay muchas reglas generales para formar palabras que son fáciles de entender —con algunas de las cuales hemos contado ya—, como que a partir de *hacer* formamos *deshacer;* de *casar, descasar,* y de *montar, desmontar;* así, por medio del prefijo *des-* creamos unos cuantos verbos de sentido opuesto al de los primitivos: es lo que se conoce como *antónimos* (para entender qué significa este término, el sufijo griego *anti-* nos orienta a que significan 'lo contrario': aparece en *antítesis* frente a *tesis, antípoda* 'que tiene los pies en el lugar opuesto', *antimisiles* 'contra los misiles'). Partiendo implícitamente de esta regla, Miguel de Unamuno se preguntaba por qué disponiendo en español de *descoyuntar* nos faltan *coyuntar* o *encoyuntar,* o teniendo *desvencijar* carecemos de *envencijar.*

Bajo esa regla general se esconde otra que resulta más difícil de entender, por medio de la que se explica que *desvencijar* procede no de un verbo sino del sustantivo *vencejo*, que designaba la atadura de los haces; y algo muy parecido debió ocurrir con *descoyuntar.* Se trata de que se pueden formar verbos a partir de sustantivos, como de *silencio → silenciar,* de *sol → solear,* de *verde → verdear;* pero, en muchos casos, estos verbos terminan en *-ar,* a la vez que van precedidos de una especie de prefijo, como *a-*: *suelo → asolar, horca → ahorcar,* o *en-*: *cárcel → encarcelar, cuadro → encuadrar* (es lo que se conoce como *parasíntesis*). *Des-*, que se confunde a menudo con *es-*, puede funcionar de la misma manera que *en-* y *a-*, aplicado a sustantivos concretos para formar verbos que se refieren a la disgregación de algo. Así, tenemos que *cabeza* da lugar a *descabezar* (dialectalmente *escabezar*); *miembro,* a *desmembrar; migaja,* a *desmigajar* (*esmigayar* en asturiano); *pedazo,* a *despedazar* (que alterna en la lengua medieval con *apedazar,* con el mismo significado); *pellejo,* a *despellejar* (*espeleyar* en asturiano). De *trono* formamos *destronar,* aunque reforzado posiblemente por la existencia en francés de *détroner.* Un salmantino que emplee *desborcillar* 'desportillarse una vasija' entenderá que se haya formado a partir de *borcella* 'boca de la vasija' (latín **bu(r)cella*); del mismo modo que *despelujar,* también de por allí (*espelujar* en otros lugares leoneses), tiene su base en *pelujo,* que, aparte de con otros sentidos, lo he oído emplear alguna vez muy coloquialmente para 'pelo'.

Del mismo modo, de *cepa* 'tronco' y de *cepo* 'instrumento para afianzar el ancla' proceden dos palabras con la misma apariencia externa (son lo que hemos llamado homónimos): *descepar,* que, sin embargo, tienen sentidos distintos, como 'arrancar los troncos' la primera y 'quitar los cepos a las anclas' la segunda. Paralelamente, a partir de este último se ha formado *encepar,* que significa 'poner el cepo al ancla', con lo que ha terminado apareciendo, por la puerta de atrás, un opuesto para *descepar: encepar.*

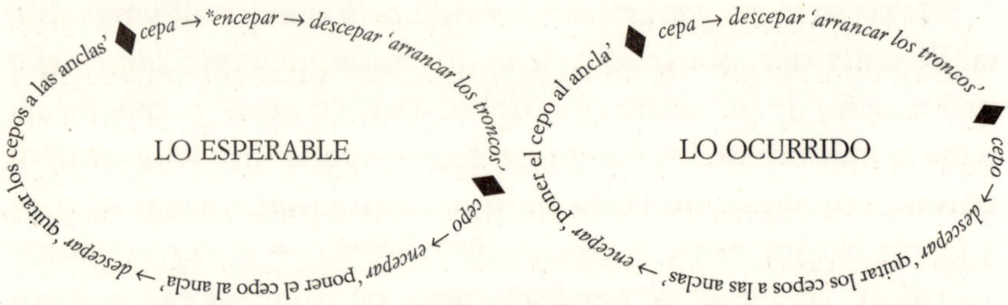

Los ejemplos anteriores se explican por algunas reglas de formación de palabras escritas con esa letra pequeña a que he aludido antes; letra con la que tenemos que referirnos también a algunos verbos que proceden directamente del latín, en los que *des-* no supone la elección de un prefijo que les permita oponerse a un verbo anterior de sentido opuesto ni tampoco que partan de un sustantivo. Es lo que ocurre con *desquiciar,* procedente directamente de un latín *excrepitiare,* y es ese *desquiciar* el origen de *quicio,* no al revés, como se hubiera esperado; ocurre lo mismo con *destripar,* que al principio había sido *estripar,* procedente del latín *extirpare* 'arrancar', y de ese *destripar* posiblemente proceda *tripa.*

Un laboratorio de campaña

Vamos entrando en complicaciones sobre las que los filólogos discutimos a diario. Voy a referirme a unas algunas debidas a ciertos desequilibrios en el comportamiento de palabras cuyos significados mantienen entre sí una fuerte relación. Tales desequilibrios originan una falta de economía en la legua que deja perplejos a los hablantes. Veamos algunos ejemplos de este desorden.

Si queremos crear un derivado en *-ble* a partir del verbo *entender* surge —por esa doble contabilidad a que me he referido varias veces— un doblete: *entendible* ~ *inteligible:* ambos están en el diccionario académico, aunque yo me sirvo más del segundo que del primero. En cuanto a los adjetivos de sentido contrario disponemos de *ininteligible,* pero no de **inentendible*. Si comparamos esta situación con la de los adjetivos derivados de *traducir,* no existe un comportamiento paralelo, pues solo contamos con *traducible* e *intraducible,* y no con las formas más cultas **traductible* e **intraductible,* que no existen. Sería una pérdida de tiempo tratar de buscar algún paralelismo con los resultados de *hacer*, donde tenemos *hacedero* e *inhacedero,* no **hacible* e **inhacible;* y luego *factible,* pero no **infactible*. En el cuadro siguiente organizamos estos datos para mostrar —o, dicho a la moderna, *visibilizar*— cómo desaprovechamos las posibilidades que existen para formar palabras (las formas a las que colocamos un asterisco son inexistentes):

entendible	inteligible	*inentendible	ininteligible
traducible	*traductible	intraducible	*intraductible
hacedero	factible	inhacedero	*infactible

Las razones de este tipo de desorden —no es la primera vez que lo digo— se encuentran en la azarosa historia de las palabras, que en el presente caso ha llevado a elegir distintas posibilidades para crear, a partir de verbos, adjetivos que significan 'que se puede...' (aunque hay también casos como *aborrecible,* que lo parafraseamos por 'que debe aborrecerse'). Sus bases se han tomado unas veces del español (*entend-, traduc-, hac-*) y otras del latín: *intelig- (intelligere), traduct- (traducere, -ctus), fact- (facere, -ctus)*; a la vez que, con independencia de que la base sea popular o culta, se ha elegido solo el sufijo *-ble* o se ha alternado este con *-dero*.

No faltarían personas que, tratando de ordenar un poco mejor las cosas, pidieran suprimir por decreto el sufijo *-dero,* que para este sentido gozó de alguna vitalidad en el pasado, pero que ha sido suplantando (acépteseme este empleo figurado del verbo para hacer vivir dramáticamente lo que ha ocurrido) por el más creativo *-ble*. En este caso deberíamos arrojar de nuestro uso (y consiguientemente del diccionario) palabras como *aplicadero, convocadero, defendedero, divididero, enseñadero* y hasta ese *usadero* que hemos visto emplean a Ortega y Gasset en el capítulo anterior, creadas en el pasado, para quedarnos solo con los derivados en *-ble*.

Actuaciones como estas resultan imposibles por distintos motivos: uno de ellos, nada desdeñable, es que por mucho que tratemos de ordenar las lenguas, estas, sometidas constantemente al cambio, están condenadas a desordenarse también de una manera permanente. Pero, además, este relativo desorden a que me estoy refiriendo permite algo que es imprescindible en la comunicación por medio del lenguaje: ser expresivos y saber jugar con los recursos de nuestro idioma yendo más allá del estricto intercambio de ideas.

Si antes he mostrado la falta de economía y el desorden anejo en la formación de unas cuantas palabras, voy a tratar ahora, por medio de algunos ejemplos también, de dar con las razones históricas que las justifican. Tenemos en el diccionario unas cuantas voces derivadas de *cierto: certeza,* su sinónimo *certidumbre,* y las palabras de sentido opuesto a las anteriores *incerteza* y su sinónimo *incertidumbre*. Disponemos así de un par de sinónimos para cada uno de los dos significados; pero ello no significa que un hablante acuda indistintamente a uno u a otro de ellos, pues sabe discriminar su uso.

Daré cuenta del camino que he seguido para enterarme de cómo ha ocurrido esto, con el fin de animar a mis lectores a que se atrevan ellos también a hacer lo mismo en otras ocasiones.

Para empezar, en la interpretación de las cosas del léxico un hablante culto ha de saber mirar atentamente lo que le dice el diccionario, antes de ir más adelante y contrastarlo con sus usos. Yo suelo emplear *certeza* y, para el sentido contrario a ella, *incertidumbre*, sin pararme a pensar que lo normal hubiera sido contar con *certeza* e *incerteza* o con *certidumbre* e *incertidumbre*. Aunque este uso mío, que me sale de dentro, algo debe tener para que el diccionario académico me dé la razón, pues para definir *certidumbre* remite a *certeza* y para *incerteza* a *incertidumbre* (me consta que este diccionario envía normalmente de lo inusual a lo usual). Lo presento en un cuadro, indicando por medio de los paréntesis las formas menos habituales:

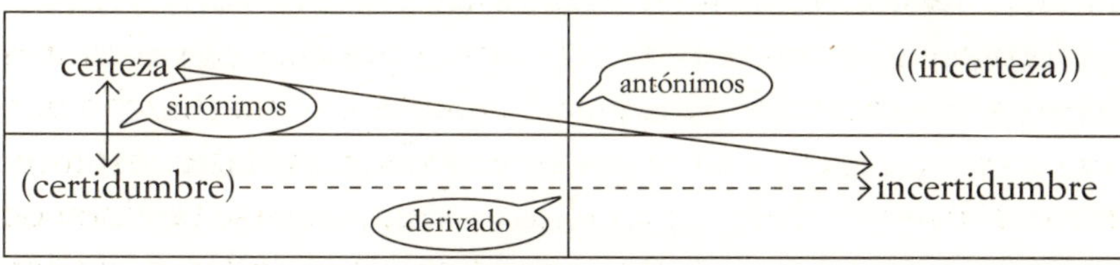

Certidumbre me resulta una palabra rara, aunque no desconocida: la había encontrado en alguna de mis lecturas estudiantiles; luego me topé con ella en *Tiempo de Silencio* de Luis Martín Santos y en *Rayuela* de Julio Cortázar, obras que leí por la misma época. Con tan buena presentación de la voz, me animé a utilizarla como variante formal de *certeza* y desde entonces empecé a fijarme más en ella hasta que llegó a parecerme normal. *Incerteza* me resultaba totalmente desconocida, aunque creía haberla oído en italiano y en catalán; pensaba por ello presentar en el cuadro anterior solo *certeza* ~ *certidumbre*, frente a *incertidumbre,* pero al consultar el diccionario académico, para mi sorpresa, encontré en él *incerteza,* y no prendido con alfileres, pues allí está alojado desde las ediciones de principios del siglo XX: por eso me he visto obligado a incluirla en el cuadro anterior; por eso y porque algunos físicos y matemáticos la utilizan en la llamada teoría de errores para referirse a la diferencia que puede haber entre el valor real de una magnitud y el de su medida.

El diccionario, como veremos en el capítulo siguiente, más que ser un notario de la realidad, suele conformarse con proporcionar una orientación, no siempre muy precisa, sobre el uso de las palabras. Para percibir las razones históricas que pueden explicar la situación de estas pocas voces de que estamos tratando di un segundo paso acudiendo —algo que puede hacer cualquiera si dispone de acceso a internet— al *Corpus del Nuevo Diccionario Histórico del Español* (al que se cita con las siglas *CDH*), es decir, una colección de textos que contiene unos 52 millones de apariciones de palabras, que se puede consultar como un diccionario: carece de definiciones, pero presenta una gran cantidad de ejemplos de todos los períodos de nuestra historia, no solo del español, sino también de los dialectos hispánicos: astur-leonés y navarro-aragonés, y naturalmente del español americano. Busqué allí *certeza, certidumbre, incerteza* e *incertidumbre* y comprobé que la voz registrada más temprano era *certidumbre,* ya en el siglo XIII, mientras que *certeza* no surge hasta el siglo XVI, tomada quizá del italiano, donde *certezza* está registrada desde el siglo XIII (lo cual puede comprobarlo cualquiera consultando *on line* el *Tesoro della lingua italiana delle origini* —al que se cita con las siglas *TLIO*— a través de internet), y podría tratarse, pues, de un italianismo en español. Como otras palabras tardomedievales que prenden con fuerza en el Renacimiento —es el caso de *abandonar* o *muralla,* que terminan imponiéndose después a las tradicionales *desamparar, muro* o *cerca*—, *certeza* va poco a poco creciendo, al menos en España, a costa del tradicional *certidumbre*, cuyo uso, por el contrario, adelgaza progresivamente en los escritores españoles, sin desaparecer del todo. Esta situación origina que los novelistas actuales, que se sirven normalmente de *certeza,* acudan algunas veces a *certidumbre,* por el placer que supone elegir lo menos esperable, como se ve en los ejemplos que aparecen en el *CDH* de José María Merino, Luis Mateo Díez, Antonio Muñoz Molina, Arturo Pérez Reverte, Luis Landero o Juan Cruz. Resumo estos datos en el siguiente cuadro.

	Edad Media	Renacimiento
certidumbre		
certeza		

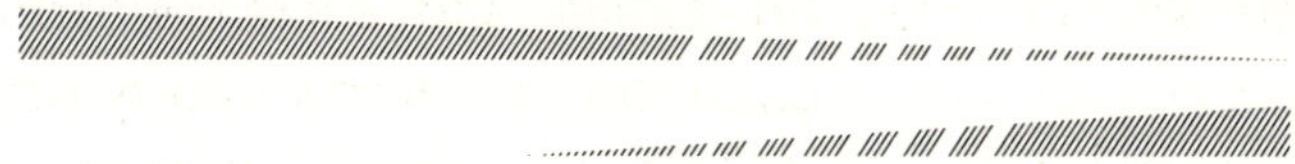

Llegados aquí, se verá que hemos dado ya algunos pasos para comprobar a vista de pájaro —ya que no, como decía un maestro mío, de águila caudal— el uso que se ha hecho de algunas palabras a lo largo de la historia y hasta las consecuencias que se derivan de esto en la actualidad, entre las que me parece la más importante el *glamour* que le viene a *certidumbre* de su condición de término un tanto raro.

Continuando con las demás palabras citadas de la familia de *cierto*, *incertidumbre* aparece a menudo a partir del siglo XV, mientras que de *incerteza* no encuentro más que tres ejemplos: uno de Emilia Pardo Bazán y dos de Ernesto Sábato. Ante esto me adentro por otro corpus de la Academia, el *Corpus Complementario del Nuevo Diccionario Histórico* —al que se cita con las siglas *CCDH*—, que se consulta con la misma facilidad que el *CDH*, aunque el hecho de ser cuatro veces mayor lo hace idóneo para las palabras de baja frecuencia; ahí tenemos doce ejemplos de *incerteza* (escasísimos en comparación con los cientos de *incertidumbre*), el primero de los cuales pertenece a la traducción que Jerónimo de Urrea hizo del *Orlando furioso,* publicada en 1549, al que siguen algunos más en escritores barrocos, y unos pocos de Valle Inclán y Unamuno. Tiene toda la apariencia de un préstamo del italiano que no ha prendido. Por ello, cuando escribo, no siento ninguna tentación de recurrir a *incerteza,* a no ser que quiera dar una sorpresa, como he pretendido hacer en el capítulo segundo de este libro utilizando la voz en un epígrafe. Dejo de lado, para no complicar las cosas, mis búsquedas por la voz *certinidad,* que nació en el siglo XV y no logró medrar más allá de tres siglos.

La propia red puede funcionar como un corpus, al que podemos acudir cuando no nos parezcan suficientes los materiales que encontramos en bancos de datos que tenemos a nuestra disposición. Entrando en Google y buscando solo páginas en español, encontramos una proporción parecida en cuanto a la fuerza que tienen estas palabras en nuestra lengua: *certeza* aparece 26 100 000 veces, *incertidumbre* 26 800 000 (el mismo orden de magnitud, por tanto), mientras que *certidumbre* desciende a unas 2 230 000 y de *incerteza* tenemos solo 232 000 apariciones. Información nada desdeñable para orientarnos sobre la disponibilidad de estas palabras en el léxico español.

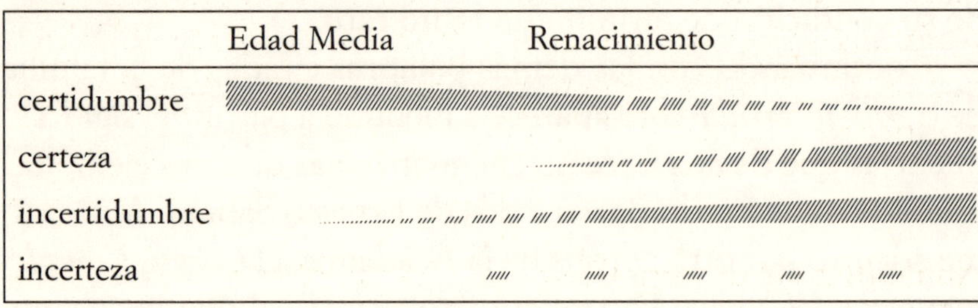

Permítaseme uno más de mis incisos: antes, cuando me refería a *inteligible* y *entendible*, veía el primero como más usual que el segundo, por el hecho de que el diccionario académico remitiera de este a aquel; el lector podría confirmar ahora esta idea con la consulta del *CDH*, que es lo que hice yo para atreverme a asegurar que *destructible* ha sido menos empleado a lo largo de la historia que *indestructible*.

No quiero que piensen los lectores que así se resuelven todos los problemas referentes a la historia de las palabras de nuestra lengua. Esto solo es una orientación para comenzar a andar y, sobre todo, para mostrar la conveniencia de no dejarse atrapar por las creencias fundadas en hipótesis muy provisionales o, si se prefiere, en ideas preconcebidas: los recursos filológicos con que contamos hoy en día dan algunas respuestas que contradicen nuestras ideas o permiten, al menos, matizarlas. Yo añadiría a los corpus a que me he venido refiriendo el *Diccionario crítico etimológico castellano e hispánico* de Joan

Corominas y varios recursos más que no puedo traer aquí a colación, cuya consulta nos ayudaría a comprender mejor las cosas. Un hablante culto no debiera conformarse con acudir a un diccionario de uso o esperar a ver qué le aconsejan los filólogos en libros como este; está en condiciones de actuar por iniciativa propia y montar un laboratorio de campaña —o, si prefiere, portátil o incluso manuable—, como este que estamos construyendo fundamentalmente con los materiales depositados en el portal de la Real Academia Española, donde se proporciona una preciosa información que le permitirá matizar mejor las cosas de nuestro léxico. En adelante se añadirán algunos instrumentos más a ese laboratorio; ahora hemos de seguir mostrando ese equilibrio inestable en que se mantienen las cosas de la lengua.

Aumentan los desequilibrios, en la morfología y fuera de ella

Se entiende que a lo largo de la historia haya habido la tentación de ordenar todo esto un poco, motivo por el que la Academia se inventó en el pasado diferencias de significado que hubimos de acatar, no solo porque pensábamos que emanaban de la propia naturaleza, sino porque, de no hacerlo, hubiéramos corrido el riesgo de que nos corrigieran o incluso de que nos colocaran un rotundo suspenso en la asignatura de Lengua. Hoy, que trata la corporación de adecuar la norma —o, mejor, las normas— al uso mayoritario y culto, me encuentro en las cartas al director de los diarios peticiones tan extravagantes como restaurar la pronunciación de la *v*, «pues si existe esa letra por algo será». Por la misma razón, hasta hace muy poco, pensaban algunos gramáticos en la conveniencia de promover en la pronunciación de todos los hispanohablantes la distinción que hacemos unos pocos entre la *s* y la *z* (un conocimiento de la historia de estos sonidos muestra que distinguir estas letras en su pronunciación es una opción tan razonable como no distinguirlas). Hay quien recurre a mí para ver si se pudiera colocar una *h* a *oquedad* y *orfandad,* existiendo *hueco* y *huérfano;* de poco suele servir que le diga que eso es muy difícil y mucho menos que trate de explicarle por qué no carece de sentido mantener esa diferencia. Sabemos bien los filólogos que muchas veces interesa más tener razón por encima de todo que atender a las razones que podamos dar de las cosas de la lengua.

Cuesta hacerse entender por quienes querrían convertir en un jardín versallesco el variado universo que se contiene en un bosque. He conocido a alguien que en un ataque *severo* —por usar un adjetivo de moda— de ordenancismo me ha llegado a recomendar que proponga en la Academia que se limpie la lengua de sinónimos, pues no hacen más que complicar las cosas, o, al menos, si los dejamos estar como están, que desarrollemos paralelamente sus derivados: si *aula* cuenta con un derivado *aulario,* del mismo modo, *clase,* que en su acepción quinta en el diccionario académico significa 'aula', debería desarrollar un derivado como **claseario.* Estoy esperando a que, teniendo una sobrina bilingüe en alemán y español, de dos años, se me aconseje que evite que se dirija a mí diciéndome que algo está *aquí* o que me pida *plátanos,* si persevera en decirle lo mismo a su madre, alemana, por medio de *hier* o de *Bananen.*

Ordenancismo aparte, el discurrir de la historia hace que, como vamos viendo, haya en español, como en cualquier lengua, no pocos desequilibrios, algunos de los cuales terminan desapareciendo; por más que muchos otros sigan ahí para castigo de quienes han de aprenderla como lengua extranjera y para confusión de los hispanohablantes mismos (el mismo castigo que parece que se nos hubiera aplicado a quienes disfrutamos recorriendo a pie un bosque, en vez de cruzarlo en coche a través de una carretera). Me dice así un amigo que no entiende que disponiendo de *contrato* tengamos, en cambio, *contractual*. El hecho es que *contrato* existía ya en el siglo XIII y, como ocurrió con *trato,* se mantuvo de ese modo su pronunciación y escritura; pero cuando se creó un adjetivo en *-al*, ya en el siglo XX, se recurrió a la forma latina *contract-*, que dio lugar a *contractual*. A veces las palabras de una familia se han empeñado en llevar un camino distinto, como es el caso de *ver* y *prever*, que han evolucionado de forma diferente a *creer* (precisamente en portugués coinciden *crer* y *ver*); pero incluso dentro de los derivados de *ver* tenemos, junto al citado *prever, proveer, proveedor* y *veedor*. Resulta igualmente difícil de entender que, mientras que del verbo *placer* puedo decir *me plugo* o *me plació,* de *complacer* solo esté permitido *me complació,* y entre *decir* y *contradecir* la diferencia está en la segunda persona del imperativo: *di,* pero *contradice*.

De todas formas, se han llegado a equilibrar en la lengua algunos desajustes, sobre todo si se dan en palabras poco corrientes, como el que veía Julio Casares entre la acentuación de *amblopía, diplopía* y *haploidía* en la *i,* frente a la de *nictalopia,* en la *o*. Al final, desde la edición del diccionario académico de 1956, se terminó por adaptar esta última a la acentuación de las otras tres. En estos casos los propios hablantes suelen indicar por medio de sus errores las elecciones contradictorias que se han tomado con algunas palabras: si *espermatozoide* viene del acusativo del griego *sperma, -atos* ello se contradice con la formación *espermicida,* lo que explica que haya quien cambie *espermicida* en *espermaticida*.

No parece, sin embargo, que sea fácil actuar en un caso como este, en que la forma canónica está perfectamente integrada, a diferencia de lo que ocurre con *fungicida*. Tenemos, en contraste con él, *plaguicida* y *hormiguicida* (este último no incluido —razonablemente— en el diccionario académico), cuyos componentes se han unido de manera diferente. En el caso de *plaguicida,* el segundo, *-cida* (que procede del lat. *caedo* 'cortar, matar', de donde *homicida* y *raticida*), se añade al componente *plag-* y conserva la pronunciación de la *g* en que termina; para conseguirlo ha habido que intercalar una *u* en la escritura, entre la *g* y la *i,* pues de otro modo la antigua *g,* al ir seguida de una *i,* se pronunciaría como *j;* es lo mismo que hacemos con *hegueliano,* para mantener la pronunciación, a la alemana, que tiene la *g* en *Hegel.* Por el contrario, en el caso de *fungicida,* al unirse los dos formantes se han mantenido atendiendo a la escritura y no a la pronunciación, de manera que el sonido *g* en que terminaba el primer elemento ha alterado su pronunciación a *j;* aunque pueda sorprender, ha sido esta una regla aplicada otras muchas veces en español: ahí tenemos de *Jaca* (con una pronunciación de la *c* como *k*) *jacetano* (pronunciando el derivado con *z*), y lo mismo ha ocurrido con *heroico ~ heroicidad, fonética ~ foneticista, católico ~ catolicismo;* si bien podemos encontrar casos como *coñaquito,* diminutivo de *coñac,* con el que me he topado algunas veces, incluso por escrito. Para complicar más las cosas, pensemos en un anglicismo que he citado unos capítulos atrás: *clergyman* escrito así, que no aparece en el diccionario académico, en el que no alteramos la pronunciación inglesa de la *g.*

Con *fungicida* quizá se esté intentando poner algo de orden, pues mientras el *Diccionario panhispánico de dudas* de la Academia alerta sobre la escritura errónea de *funguicida*, el diccionario académico recoge también esta última variante, si bien dando la otra como preferible (ya hemos visto que eso se hace remitiendo de esta a aquella). Dar dos opciones en esta obra ha sido uno de los caminos que se ha seguido para que el paso del tiempo, que todo lo cura —incluso logró que yo dejara de acentuar *fué,* y logrará que dentro de cincuenta años nadie sufra por escribir *solo* (como adverbio) y *este* (como pronombre) sin acento—, permita que un día quizá se opte por lo más coherente.

Tenemos, siguiendo esta ejemplificación de desequilibrios en el léxico, *introvertido,* que difiere de *extravertido* en la terminación del primer elemento del compuesto —*o* frente a *a*—. Se explica que, ante esta discrepancia, muchos hablantes hayan tratado de poner orden, de una manera inconsciente, con un *extrovertido* que rompe con el formante *extra-* de que procede, por haberse contaminado de la terminación del componente latino *intro-* de *introvertido*. Poner orden se entiende que supone no tener en cuenta el origen de estas dos palabras, que es lo que ha hecho el propio diccionario académico al terminar por aceptar *extrovertido,* aunque como variante menos recomendada que *extravertido*. Posiblemente sea esta la forma que con el tiempo termine por imponerse, si los hablantes siguen prefiriendo el orden a los privilegios de la historia; no es mal indicio que Juan José Millás opte por *extrovertido*.

Puestos a mostrar desequilibrios, le brindo al lector estas dos opciones para los derivados *terapéutico,* de *terapeuta,* y *terápico,* de *terapia:*

1. Relacionándolos con el sustantivo *terapéutica,* el diccionario académico acoge los adjetivos compuestos *psicoterapéutico* (definido como «perteneciente o relativo a la psicoterapia»), *fisioterapéutico* (que remite a *fisioterápico*) y *radioterapéutico* («perteneciente o relativo a la radioterapia»); no incluye, en cambio, *hemoterapéutico, electroterapéutico, hipnoterapéutico*.
2. Tomando *terapia* como base, el diccionario académico acoge los adjetivos *psicoterápico* («perteneciente o relativo a la psicoterapia»), *fisioterápico* («perteneciente o relativo a la *fisioterapia*), *electroterápico* («perteneciente o relativo a la electroterapia»), *hidroterápico* («perteneciente o relativo a la hidroterapia») y *optoterápico* («perteneciente o relativo a la optoterapia»); no incluye, en cambio, *hemoterápico* o *hipnoterápico*.

A cualquiera podrían parecerle estas dos listas un dispendio en la utilización de las posibilidades de la lengua, que fomenta el desorden; pero no se trata de algo que haya ocurrido por una fatalidad, pues, por debajo de lo que vemos, late la historia. Las formas españolas son variantes paralelas a las del francés, aunque con algunas diferencias que se perciben en los cuadros que muestro a continuación:

	SUSTANTIVOS	ADJETIVOS
EN FRANCÉS	physiothérapeutique, psychothérapeutique	
	physiothérapie, psychothérapie	physiothérapique, psychothérapique

	SUSTANTIVOS	ADJETIVOS
EN ESPAÑOL	TERAPIA ——→	TERAPÉUTICO → fisioterapéutico, psicoterapéutico
	TERAPIA → fisioterapia, psicoterapia ——→	*TERÁPICO fisioterápico, psicoterápico

En español, el adjetivo *terapéutico* es la base del adjetivo *psicoterapéutico.* Por otro lado, no podemos hacer partir de *terapia* el inexistente adjetivo *terápico,* de forma que el adjetivo *psicoterápico* —que usan Laín Entralgo o Vallejo Nájera— parece formado a partir del sustantivo *psicoterapia,* pero espoleado por el francés *psychothérapique.*

Cuando vemos que hay en las lenguas un cierto desorden que podría arreglarse un poco, hemos de considerar que existe un límite que nadie pensaría nunca saltar —lo que hoy se conoce como una línea roja—: no podemos, en efecto, dar marcha atrás cuando las opciones que se han tomado están institucionalizadas, por grande que sea la torpeza con la que se ha actuado. A nadie se le ocurriría hacer coincidir la sílaba inicial de las palabras *piedad* y *piadoso,* cuya diferencia se explica porque antiguamente se empleaban *piedad* ~ *piadad,* así como los adjetivos *piedoso* ~ *piadoso,* con lo que cada una de las formas actuales citadas proceden de una variante diferente. El caso es el mismo de *disbarate,* palabra que todavía he llegado a oír en algunos pueblos: se trata de la forma empleada por Santa Teresa, que se dejó de lado y se sustituyó por algo tan disparatado como *disparate* (alteración de *disbarate* contaminado por el verbo *disparar*). Quedó relegado *disbarate* al ámbito rural, lo que originó que, a pesar de ser la forma más adecuada y estar alojada en el diccionario académico desde su primera edición de 1732, solo se mantuviera en él hasta la de 1822, ¡porque se consideraría vulgar! Sería imposible, aparte de absurdo, tratar de recuperar en la actualidad *piadad* o *disbarate.*

Nadie se atrevería tampoco a intentar uniformar en su terminación las palabras que designan una serie de instrumentos terminados en *-dora*, como *lavadora* (derivada de *lavar*), *licuadora* (derivada de *licuar*), *trituradora* (derivada de *triturar*), *taladradora* (derivada de *taladrar*); en *–dor,* como *calentador* (derivado de *calentar*), *exprimidor* (derivado de *exprimir*); o incluso otros en *-dor* y *-dora*, como *tostador* o *tostadora* (derivados de *tostar*).

No digamos nada de las relaciones que se traman ya no entre los sonidos o sufijos de las palabras, sino entre las palabras mismas, a las que se ha llegado por complicados caminos que no se pueden desandar. Existiendo *creciente* y *decreciente,* aplicamos a la luna la posibilidad de ser *creciente* o *menguante,* y no *decreciente.* El hecho tiene una explicación sencilla: en la Edad Media existían, como adjetivos de significado contrario, *creciente* y *menguante* y, como tales, se aplicaron ambos a la luna; siglos después, cuando se creó a partir de *creciente* la voz de significado opuesto, *decreciente,* referida al frío, viento, etc., *menguante* fue quedando para unas pocas combinaciones: para la luz, para las rentas y, sobre todo, para la luna. Aunque en este caso es posible que con el tiempo termine por combinarse con la luna el adjetivo *decreciente.* Si las cosas se desarrollaran de este modo, por un lado se habría puesto un poco de orden, pero por otro se habrían perdido algunas posibilidades expresivas que permiten las combinaciones de las palabras.

Para distendernos ante lo que podría convertirse en una fiebre de ordenancismo —que pueden dar lugar a tantas ocurrencias—, copio aquí unos versos jocosos de dos escritores barrocos, que espero que nadie se los tome en serio. Los primeros son de Antonio de Solís:

> Púsose el sol; mas no, que no se puso;
> ¡oh qué pronto que he dado en el abuso!
> Dime, inventor de frase tan maldita,
> ¿Cómo se pone el sol, cuando se quita?

Los otros, de Quiñones de Benavente:

> ¿Por qué a un hombre que tiene mala lengua
> le llamas *mal hablado*? Di, barbado,
> que ese es mal hablador, no mal hablado.

La historia de las palabras, cuando la conocemos, nos permite salir de algunas perplejidades. Estas no son exclusivas de nuestra lengua, como explicaré por medio de algo que me ocurrió recientemente en Francia. Es el caso que viniendo un día de Biarritz a Hendaya, se fija un cuñado que me lleva en coche en que, bajando una pendiente, discurre paralelamente a nosotros una vía de emergencia para amortiguar la velocidad del vehículo si perdiera los frenos. Pero no es en esto en lo que se fija el conductor, sino en la denominación de esta vía, que se lee en un cartel: *escape*. Me pregunta —es lo que tiene eso de ser filólogo— si no se tratará de que, como estamos cerca de la frontera, esté escrito en español; aunque se sorprende él mismo de que en el jacobino país vecino no apareciera también en francés, algo así como *échappe*. Son preguntas razonables con cuyas respuestas no me resulta fácil dar.

Doy vueltas al asunto y recuerdo mis tiempos de joven profesor de la Universidad de Salamanca, tratando de ejercer de romanista, cuando en una de las muchas conversaciones que tuve con el profesor de Francés, Luis Cortés, me explicó el origen del verbo *rescaper* en referencia a quien sale indemne de un accidente o una catástrofe: se extendió esta palabra tras el hundimiento de una mina de Courrières, en marzo de 1906, en que murieron más de mil mineros; los belgas que intervinieron en el salvamento se referían a los mineros que se habían salvado como *rescapés*. Esta forma tan aireada por la prensa del momento originó que se extendiera rápidamente por toda Francia, con la *c-* inicial tomada de un dialecto distinto al del francés de l'Île de France, donde, en cambio, la palabra empezaba por *ch-*: *réchappé*. Esa misma disidencia con respecto a la *ch-* inicial francesa la tenemos en un préstamo del español, *faire une escapade* ('hacer una escapada') o *escapade d'écolier* ('hacer novillos'), en lugar de *une échappée*. Pero no va por ahí la explicación de este *escape* de la carretera, pues estamos ante una palabra inglesa, *escape,* que en tiempos de la Segunda Guerra Mundial se utilizó para designar las *escape lines,* es decir, los corredores que facilitaban la huida de gentes perseguidas por los nazis. En el presente, posiblemente debido a una convención internacional —la misma que hace que aparezca *stop* en todas las carreteras de la Unión Europea—, tenemos *escape lane,* que designa la vía de emergencia que puede ayudar a los vehículos a frenar en bajadas muy pronunciadas. Se me ocurre preguntar a un amigo que veranea en San Juan de Luz —¡menudo nivel!— para que me confirme si ese letrero es oficial y me asegura que diez años atrás lo que rezaba el cartel era *escape lane,* bajo el cual se había escrito —de mano española, naturalmente— *escapatoria.*

Andarse con rodeos

A los desequilibrios de una lengua o, si se prefiere, a su desorden, contribuye también la propensión al *estiramiento* de las palabras, que ha sido criticada, y con razón, como si los hablantes pensaran que con el incremento de sílabas se reforzara el significado de una voz. Ese estiramiento es una consecuencia de dar algún rodeo para aquello que puede decirse directamente por medio de una palabra, como es el caso de *encender la luz* por *alumbrar, dar un golpe* por *golpear, dar consejos* por *aconsejar, hacer un esfuerzo* por *esforzarse* y otros muchos rodeos más, tan queridos por los políticos en sus discursos, del tipo de *poner en valor* por *valorar*.

Es un proceder que se utiliza también para formar palabras, en casos en que partiendo de un verbo se crea un sustantivo, y de este, a su vez, otro verbo que mantiene el significado del primero o bien se especializa en algún sentido concreto, como ocurre con el ya tradicional *ver* → *vista* → *avistar*. El hecho puede no contribuir a aumentar el cuerpo de la palabra, como en *ofrecer* → *oferta* → *ofertar*, verbo que Arturo Yepes, creo que en broma, consideraba: «buena palabra y que existe; pero hoy suple y suplanta a ofrecer», de la que pondré solo un par de ejemplos que no responden a mis gustos: «Se oferta a los estudiantes una asignatura de introducción a la lingüística histórica»; «Los centros educativos de Salamanca ofertan 10 000 plazas desde el lunes». Pero puede la palabra aumentar su volumen en una o dos sílabas más, como ocurre en *abrir* → *apertura* → *aperturar*, que es un auténtico engendro: «Con motivo de nuestra campaña de referencia, te comunico que en el sorteo de la Lotería Nacional resultó agraciada D.ª Fulana de Tal, titular de la libreta, aperturada en la Zona Territorial novena, Oficina...». El caso de *provisionar* (← *provisión* ← *proveer*) parece que se ha convertido en un uso propio de la jerga bancaria: «Banesto provisiona 400 millones por el riesgo del ladrillo»; «HSBC provisiona 1600 millones de euros, ante posibles multas por lavado de dinero».

Hay verbos que han surgido así, bien instalados en algunos lugares en que se habla español. Aunque no aparezca en el diccionario académico, tenemos *vistear* (← *vista* ← *ver*) en la Argentina, del que da fe Borges, cuyos son los dos ejemplos siguientes: «*La Intrusa,* un cuento que fue llevado al cine y resultó un film pésimo por las obscenidades que le agregaron. Usted vea que hay una escena en que dos hombres tienen que vistear (enfrentarse en duelo a cuchillo) y se desnudan. Yo he visto vistear miles de veces y ni siquiera se sacan el saco», «Me crié como los yuyos. Aprendí a vistear con los otros, con un palo tiznado». Otros verbos surgidos así han dado el salto incluso al diccionario académico: *fusionar* (← *fusión* ← *fundir*): «en el mundo de la odontología, donde se ha demostrado que el titanio y el hueso acaban fusionándose» (Juan José Millás); «aquellos abuelos que llegados de Europa se fusionaron y así quedó creada la raza autóctona», «pequeñas nubes negras que se iban reuniendo, fusionándose» (Juan Carlos Onetti). *Expeditar* (*expeditar* ← *expedito* ← *expedir*), que es propio de algunos países americanos: «los estancos expeditarán los impresos para obtener el nuevo modelo del DNI». E incluso tenemos ese horrendo *posicionarse* (← *posición* ← *poner*): «se posicionan a favor de un capitalismo neoliberal», que entró en la edición de 1992 del diccionario académico, con el escándalo de Fernando Lázaro; y este no menos horrendo *recepcionar* (← *recepción* ← *recibir*): «la tripulación se trasladó a la factoría para *recepcionar* el B-707», en cursiva en el texto, quizá porque se haya escrito de broma. A este respecto recuerdo aún cuando mis padres me corregían por emplear yo *explotar* en vez de *estallar* (*explotar,* como sinónimo de *estallar,* ya había entrado en 1927 en el diccionario académico); luego he asistido a la aparición de *explosionar* (← *explosión* ← *explotar*) como 'hacer explotar' (llega al diccionario académico en la edición de 1970), y desde hace tiempo lo oigo por *estallar.* Ya de puestos, pensemos que la cadena ha sido más larga, si contamos con *esclatar* (que tenemos en el catalán *esclatar* y en el francés *éclater*), que aparece en escritos aragoneses del siglo XIV y en lo moderno nos lo brinda un escritor preciosista como Gabriel Miró, que vivió bastante tiempo en ambientes catalanes: «Hasta que venga un día que no esclate en lloros».

A lo largo de la historia del español, han dado mucho juego las formaciones verbales que parten de un adjetivo que no deriva directamente del verbo antiguo, como *ver* ~ *visual* → *visualizar*: «Desde la garita del módulo se *visualiza* el patio del módulo. En la celda fueron encontrados escombros con un volumen de unos 20 litros "no ocultos a una simple *visualización*" de la celda» (*cf.* «en tres bolsas no ocultas a una *visión* superficial de la celda» en referencia a la misma noticia, dada en otro periódico); «la proposición de ley que se visualizará cuando los Mossos d'Esquadra sustituyan en las carreteras catalanas a los Agentes de la Agrupación de Tráfico». Se puede partir igualmente de un sustantivo que esté en las mismas condiciones, como tenemos en *prologar* ~ *prólogo* → *prologuizar* (verbo que utiliza Antoni Rubió i Lluch en una carta dirigida a Marcelino Menéndez Pelayo) o en *valorar* ~ *valor* → *valorizar:* «el Defensor del Lector se dedica a darlo a conocer sin entrar a valorizarlo», que me suena tan mal como el *poner en valor* que he citado antes, lo que me hace pensar que una y otra posibilidad terminarán por imponerse. El sustantivo del que parte la formación en *-izar* no tiene por qué tener alguna relación con un verbo, como en el caso de *partido* (político): «cuando se partidizan las opiniones de los ciudadanos» (Adela Cortina). Una sutil crítica a quienes se exceden en este proceder se refleja en la broma de Antonio Martínez Sarrión, quien, partiendo de que de *protestar* se forma *protestante*, crea a través de él un *protestantizar* en el que juega con el sentido de 'protestar', salpimentándolo con 'pasar de ser agnóstico a ser protestante': «algún intelectual nuestro, agnóstico de siempre, aunque acaso protestantizado en exceso en su madurez». Sea bienvenida la broma como contrapeso a creaciones como «titulización de activos» o «titulización hipotecaria» y otras parecidas que terminaremos aprendiendo, como lo hemos hecho, o creído que lo hacíamos, con la *prima de riesgo* y cosas así.

Decía más arriba que la afición al estiramiento de las palabras es más una consecuencia que una causa, pues la razón fundamental de su creación y éxito me parece que es el olvido, inconsciente o consciente, del verbo primitivo, que explicaré por medio de las palabras de Paul Valéry: «Una pequeña confusión de la memoria atrae a una palabra que no es la adecuada, pero que se convierte en la mejor sin que ello nos desconcierte, de forma que crea escuela, y se institucionaliza así la confusión». Otra cosa es que tengamos que resignarnos a estas consecuencias de la dictadura de la coloquialidad, donde de hecho se toman a menudo los errores como conquistas. Para vacunarnos contra esa dictadura no conozco mejor remedio que acudir a los escritores, quienes, según nos explica también Paul Valéry, son «aquellos para quienes la frase no es un acto inconsciente, análogo a la manera de comer de alguien que en su apresuramiento no se da cuenta de lo que come».

El caso siguiente sirve para mostrar los vericuetos de la historia por los que hay que transitar a menudo para llegar a entender algunas creaciones. Acerquémonos a la voz *concursar,* que significa 'tomar parte en un concurso', tanto si participan en él unas empresas que pretendan conseguir algo o si se trata de una persona que concurre a una oferta pública de trabajo. Es un verbo que ha aterrizado antes de ayer en el diccionario académico, en su edición de 1927, remitiendo a *concurrir,* tras un recorrido un tanto complicado, según vamos a ver.

Concurrir significaba en principio algo así como 'confluir', es decir, llegar a un sitio varias personas, ideas, etc.: «concurrieron aquellos ejércitos en aquel lugar» o «concurrieron a mi mente» varias ideas. Al ser varios los que se dirigen a un lugar, se explica que sirviera para referirse a cuantos se desplazaban buscando obtener un puesto, y así a mediados del siglo XIX podemos leer que «concurrieron seis opositores» a unas oposiciones de violín. Del mismo modo podían concurrir varias empresas a una oferta, por más que este sentido del verbo no aparezca en el diccionario de la Academia hasta la edición de 1956. Al final se perdió esa idea de grupo y los hablantes se fijaron solo en el rasgo de 'dirigirse a un lugar'. El significado antiguo explica que un *sitio muy concurrido* sea, tanto aquel al que uno va varias veces a lo largo del día, como ese otro al que acuden muchas personas a la vez.

De *concurrir* se derivó el sustantivo *concurso,* sinónimo de *concurrencia,* que tenemos en «concurso de gentes en los caminos», «multitud y concurso de demonios», al que se le sumó luego el significado de oposición a una plaza o participación en una subasta, paralelamente al que desarrolló *concurrir.* Este significado de *concurso* ha servido para crear *concursar* (precisamente *a una plaza* o *en una subasta*). De hecho este *concursar* era tan innecesario como *concursante,* cuando sus significados se contenían en los de *concurrir* y *concurrente;* pero es de suponer que, tratándose de un aspirante a funcionario (que es la condición con que preferentemente se emplea esta voz), pesara demasiado que *concurrir* y *concurrente* se refiriesen a quienes concurrían a una fiesta, conferencia o misa, actividades tan distintas a las de esa fiesta nacional que han sido las oposiciones en este país. Dejemos al *opositor* fuera del ruedo, que esa es otra historia.

Hay algunas palabras como *incursión, recurso* o *cursar* 'correr', *curso* de un río (es decir, su recorrido) que han *discurrido* bien por los caminos de la lengua. No sería improcedente que el lector se animara a servirse de algún diccionario y de los *recursos* de otro tipo que sabe que tiene a su disposición, para comprobar cómo se relacionan por su historia todas estas palabras que aparecen en cursiva en este párrafo. Forman como un racimo en que sus elementos no están aislados, como ocurre con la música, donde las notas se conjuntan unas con otras para nuestro propio disfrute.

La inexistencia de algunos eslabones en las cadenas de formación de palabras

El desorden se nos muestra en algunos casos en que no encontramos por ninguna parte algunos eslabones en la cadena de derivación. ¿Cómo explicar que del adjetivo *ambiguo* no tengamos ni **ambiguar* ni el que sería su derivado, **ambiguación,* y contemos en cambio con las palabras de sentido contrario *desambiguar → desambiguación*? Ese desorden procede de que nos saltamos los que parecen los caminos lógicos de formación de palabras, pues estas no se construyen en una oficina —que incidentalmente la Real Academia Española no pretende abrir— sino que surgen acá y allá, como creación de los propios hablantes, sin que estos las hayan sometido a un plan previo. En un ámbito muy particular, el de la jerga técnica de la lingüística, se han introducido *desambiguar* y *desambiguación* directamente del inglés *desambiguate,* que se empleaba desde hace no mucho por filósofos y lingüistas, para significar la discriminación de un significado concreto, de entre los posibles de una palabra. De hecho *desambiguar* y *desambiguación* están colocadas en el diccionario como etiquetas propias de la jerga de la lingüística, y no parece que tengan mucho trato con las voces restantes. En estas condiciones no encontraremos en nuestra lengua esos eslabones **ambiguar* o **ambiguación* que estábamos buscando.

Contamos con bastantes vocablos que por uno u otro motivo están en esta situación. Cuando un periodista se refiere a la «panteonización de Dumas», esta voz implica que entre *panteón* y *panteonización* haya que contar con un eslabón intermedio **panteonizar*; como ocurre con un *ludicador* que se creaba, en broma, en *El Independiente,* en el año 1987, referido a un posible «oficio de Futuro», que hubiera requerido que entre *lúdico* y **ludicador* se hubiera formado ese eslabón **ludicar*. A menudo la sensación de orfandad en la cadena derivativa se debe no a que se haya perdido un eslabón de ella, sino a haber saltado en paracaídas en nuestra lengua desde otra, como hemos visto aquí con *desambiguar* y, en el capítulo anterior, con el adjetivo *manuable,* que requeriría de una base verbal **manuar,* que no existe; pero habiéndose tomado en préstamo del francés *maniable* (creado allí a partir de *manier*) ese eslabón de la cadena se encuentra en otra lengua. Es precisamente lo que ocurre con *convector,* cuyo aspecto latino nos llevaría a situarlo así en un esquema evolutivo:

latín *conveho* 'acarrear, transportar' → latín *convecto* 'transportar en masa'
↓
latín *convector* 'compañero de viaje'

Resulta difícil extraer *convector* 'aparato que transmite el calor por convención del aire' del latín *convector* 'compañero'. No podríamos relacionar estas palabras, por parecidas que resulten. Y ello porque *convector* se ha formado regresivamente, a partir de *convección* 'transporte de un fluido por desplazamiento de sus moléculas', significado que aparecerá en la próxima edición (la 23.ª) del diccionario académico. De *convección* encontramos bastantes ejemplos en el fichero de papel del diccionario de la Academia, todos de la segunda mitad del siglo XX (ya tenemos con este fichero una pieza más de ese laboratorio filológico que vamos construyendo), y su creación tiene que ver con el participio del verbo latino *conveho* al que me he referido antes, aunque, como gran parte de la terminología científica surgida en el siglo XX procede del francés o del inglés, lo probable es que hayamos tomado el latinismo de una de estas lenguas. *Convecteur* aparece en francés en 1901; lo cual se puede ver consultando *on line* el *Trésor de la langue française* (al que se cita con las siglas *TLF*); en inglés, *convector* se registra poco después, como puede comprobarse consultando también *on line* el *Oxford English Dictionnary* (al que se cita con las siglas *OED*), cuyo acceso —frente al resto de las obras que he citado— no es gratuito. Decidir si viene de una u otra lengua requeriría hacer un esfuerzo más que no cumple afrontar ahora. Con lo que se verá que, en este laboratorio de campaña que hemos ido montando poco a poco, hemos de saber también dejar cosas pendientes, porque no todas encuentran una solución rápida.

La falsa relación entre las palabras

Son más complicados aún los casos en que una relación entre dos palabras tiene la apariencia de estar motivada, siendo, en cambio, esta casual. Podríamos pensar que *bombardear* procede de *bomba,* cuando nada tienen que ver ambas palabras. Si comparamos *bombardear* con casos como (*baba* →) *babear,* (*brújula* →) *brujulear,* (*vara* →) *varear,* a *bombardear* le sobra *-ard-*, pues si procediera realmente de *bomba* tenía que haber dado *bombear.* Es lo que ocurre cuando decimos que «hemos de *bombear* el agua que ha entrado en la cubierta del barco», que es un derivado de *bomba* 'artilugio que sirve para sacar agua' (de la que proceden también *bombero* y *bombilla*) que cumple impecablemente las reglas de derivación. Estas reglas son las mismas que hubiera habido que aplicar para crear un verbo a partir de esta otra *bomba* referida a ese absurdo artilugio destructivo que todos conocemos y que demasiados padecen. Aquí ya se requiere la intervención de un filólogo que se meta más en harina, a menos que el lector se decida a adentrarse por ese banco de datos que hemos ido construyendo o que acuda en este caso directamente al diccionario de Corominas. Verá entonces que en el pasado existió una *lombarda,* cambiada luego en *bombarda,* máquina de guerra que al principio lanzaba piedras y otros objetos contundentes, a la manera como lo hacía una catapulta; pero que, con la introducción de la pólvora en Europa, disparaba proyectiles como lo hacen los cañones. De ese *bombarda* procede *bombardear,* por un lado, y, por otro, *bombardero,* que es el soldado que la dispara. Vamos a dejar de lado este último aplicado a un avión desde el que se arrojan bombas, que resulta más difícil de explicar.

Lo que importa es comprobar cómo las *bombas* que arrojaban los cañones y aviones no han sido invitadas a una fiesta familiar que algunos creerían que había sido organizada en su honor, pensando que *bomba* era de la misma familia que *bombardear*.

La historia de la palabra oculta en sus pliegues

No solo los diccionarios o los corpus con que contamos para otras lenguas nos orientan en la interpretación del desorden que existe en el campo de las palabras. Dice un personaje de la ya citada novela de Vikram Chandra que «la información anida dentro de la información», lo que, aplicado a nuestros afanes —por ponerme estupendo acudiendo a esta voz que algunos de mis alumnos no entienden—, significa que las propias palabras contienen huellas importantes sobre su historia y consiguientemente nos informan sobre el desorden a que se puede haber llegado.

Acabo de decir que para que *bombardear* viniera de *bomba* le sobra esa secuencia *-ard-*; lo cual nos ha conducido directamente a *bombarda*. Antes me he referido a que en *amigablemente* existe una pista de la existencia previa de *amigable*, anterior al adjetivo *amistoso*; del mismo modo que de *incertidumbre* se induce que hubo un *certidumbre* en el pasado, anterior incluso a *certeza;* como espero que el benigno lector no se enfade si le recuerdo que *piadoso* implica que haya circulado previamente el sustantivo *piadad*.

En sentido contrario, he citado algunas páginas antes un *agostidad* que, de admitirse, muchos pensarían que debería convertirse en *agosticidad* o *agosteidad*. Se entiende bien que Elias Rivers, un hispanista americano, escribiera *semiticista* en lugar de *semitista,* que es lo que deberíamos hacer nosotros cambiando en *cosmopolitismo* el *cosmopolismo* que ha aparecido en un ejemplo del capítulo segundo de este libro. Las razones de lo que acabo de decir es que en la sílaba *ci* de *agosticidad* estaría latiendo un adjetivo **agóstico,* en la sílaba *ei* de *agosteidad* ocurriría lo mismo con el adjetivo **agósteo;* de nuevo, en la sílaba *ci* de *semiticista* está implícito el adjetivo *semítico,* y en la sílaba *ti* de *cosmopolitismo* lo está el adjetivo *cosmopolita*. Si, antes, al crear *cascarrabicidad* he evitado *cascarrabidad* es porque en esa sílaba *ci* puede verse una huella de un latente adjetivo **cascarrábico*.

Aunque si nos fuéramos una vez más a la letra pequeña, podríamos encontrar también una justificación para esos acortamientos de palabras que he presentado como anómalos: es lo que se conoce como *haplología,* que el diccionario académico ejemplifica con estos dos casos: *cejunto* por *cejijunto* e *impudicia* por *impudicicia*. Se explica así el *cosmopolismo* citado, que se adapta bien al *anglismo*, que leo en un texto de Francisco Rodríguez Adrados, por *anglicismo;* el *escolastismo* empleado por Unamuno en lugar de *escolasticismo;* y ese *cientifismo* (desde el que el diccionario académico remite a *cientificismo*) que es el punto de partida de un *cientifista* (no aparece en el diccionario) que leo en un chiste de Forges, en que un personaje solicita un surtido de tópicos, a lo que el expendedor pregunta «Los restantes, ¿los desea agraces o cientifistas?». También don Quijote actúa de ese modo en la segunda parte de su novela, al referirse a la retórica ciceroniana y *demostina;* cuando la duquesa, con la que está hablando, le pregunta por esta última y peregrina voz, le responde el ingenioso hidalgo diciéndole que se refiere a Demóstenes, lo que debería haber dado origen, de no haberse aplicado esta regla, a *demostenina*.

Con estas posibilidades, un periodista puede dar salida a su sentido del humor al referirse, a la zaga de formas como *alcaldable, ministrable* y hasta *nobelizable,* a «los candidables a candidatos», en lugar de a los *candidatables;* con lo que trata de hacernos cómplices suyos al darnos a entender que tiene bajo la manga el adjetivo *cándido,* con cuyo sentido está jugando, pues le ha de constar que los candidatos no suelen responder a lo 'cándido' que explica su etimología.

Incluso en la lengua normal hay determinadas voces que parecería que se hubieran formado contando con esta reducción silábica, aunque la historia nos permitiría explicar de otro modo la mayor parte de ellas. Es el caso de *gratui(to)dad, navi(da)deño, repulsi(on)ivo, televisi(on)ivo, televis(ion)azo* (del tipo de las formaciones en *-azo* que hemos visto en el capítulo anterior), *femi(no)nismo* o el muy corriente en América *vel(at)orio,* no desconocido en España.

Vuelta atrás en la derivación

He dejado para el final de este capítulo un hecho tan importante como es la vuelta atrás que se da algunas veces en los procesos de derivación, rompiendo con el camino que esperablemente debería seguirse en esos procesos. Ya había preparado al lector para esto cuando más arriba me he referido a que *convector* incumple lo que hubiéramos esperado, al haberse construido a partir de *convección*. Veamos algún caso más: cuando un hablante se encuentra en el diccionario de la Academia con *aberrante, aberración* y *aberrar,* lo normal es que se haga una idea, no carente de lógica, de la dirección seguida en la formación de estas palabras: *aberrar → aberrante / aberración*. Y, sin embargo, las cosas no han ocurrido así. Quien lee en la prensa la siguiente frase de Vicente Verdú: «Es una aberración, que, de paso, aberra y reduce la crítica» puede hacerse la idea de que ese *aberra* que desconoce —yo al menos lo desconocía— debe ser antiguo y pasado de moda, mientras que *aberrante* y *aberración,* aun siendo posteriores, se mantienen en uso. Es una posibilidad que puede confirmarse o desmentirse fácilmente, solo con servirnos de este laboratorio de campaña que hemos ido construyendo: bastaría con recurrir ahora al *Tesoro lexicográfico de la lengua española* (que citaré con las siglas *TLLE*), colocado también en el portal de la Academia, para saber en cuál de las veintidós ediciones del diccionario entra cada voz; y, aunque es un hecho conocido que las palabras se pasean durante varios años por la calle o entre los libros antes de acogerse al diccionario, encontraremos en él alguna orientación sobre lo ocurrido con sus inquilinos.

En esta consulta nos enteramos de que, de estas palabras, la primera en aparecer es *aberración,* en la edición de 1843; la siguiente es *aberrar,* en el *Diccionario manual* de 1927, como 'errar, equivocarse' y, como 'desviarse', en el *Diccionario usual* de 1936; *aberrante* no lo encontramos hasta la edición de 1970 (adelantemos que la aparición tardía de este último posiblemente se deba a que se consideraba una forma verbal. Si queremos contrastar esto con lo que ocurre en el *CDH,* veremos que *aberración* aparece ya muy a finales del siglo XVIII y además como voz propia de la física en el sentido de 'desviación aparente de los astros', de donde pasa después a referirse a un 'error del entendimiento'. Con tiempo podríamos afinar más, pero no nos desprenderíamos de la idea de que *aberración* ha servido de incentivo a la formación de *aberrar,* ocupando el eslabón previo de la cadena que curiosamente estaba libre, y ha servido también para otra voz que hubiera podido desgajarse de la anterior: *aberrante* 'que se aparta de lo normal', tal y como lo vemos en el cuadro siguiente:

LO ESPERABLE	LO OCURRIDO
(aberrar) → *aberrante* → *aberración*	*(aberrar)* ← *aberración* ↓ ↙ *aberrante*

Disponemos de unos medios para adentrarnos por la historia del léxico que hace unos cuantos años nos hubieran parecido a los filólogos un sueño gozoso e imposible. Cuando trabajaba con Joan Corominas ayudándole en las tareas de redactar la segunda edición de su diccionario etimológico, me topé en la edición anterior de esta obra con el *aberrar* que acabamos de ver: se explica ahí como un cultismo creado a partir del latín *aberrare* 'apartarse del camino'. ¿Qué podíamos saber de su uso? Con aquellos medios de entonces nos constaba solo que estaba en el diccionario de la Academia; incluso para saber la edición en que se había incorporado a esta obra, hubiera tenido que desplazarme a una buena biblioteca (en la de la Universidad de Salamanca, que es excelente, solo existen unas cuantas ediciones del diccionario). No debiera sorprender a nadie que, en este y en muchísimos casos como este, dejáramos en ese diccionario las cosas pendientes de explicación, pensando que en el futuro alguien dispondría de más datos que permitieran encontrarla. Es precisamente la situación en que nos encontramos ahora, con unos materiales que nos permiten lo que en tiempos hubiera supuesto saltar por encima de nuestra sombra. Poder consultar fácilmente las veintidós ediciones del diccionario de la Academia y apoyarnos después en el *CDH* nos ha permitido dar con una explicación razonable para la anómala situación que tiene *aberrar* en español. En este caso, podemos confirmar esta idea acudiendo al *Diccionario histórico* que publicó la Academia de 1960 a 1996, que contiene casi todas las palabras que comienzan por *a-* y unas pocas que lo hacen por *b-* (lo podemos consultar también en el portal académico); encontramos en él una mayor precisión en la cronología de estas voces: *aberración,* como voz de la física, aparece en 1775 y, luego, en la primera mitad del XIX se usa en el sentido figurado de 'extraviarse'; el raro *aberrar* 'desviarse' se crea a finales del siglo XIX, y *aberrante* se emplea a principios del siglo XX en Baroja y Valle Inclán.

Voy a terminar con el verbo *aguerrir,* que encuentro en un artículo de Juan Goytisolo: «los alemanes arios se aguerrieron en su antisemitismo». Mientras *aguerrido* parece normal, *aguerrir,* el verbo del que en principio debería proceder, me resulta desconocido. Ya tenemos medios para tratar de desenredar el problema: buscando en el *TLLE* de la Real Academia Española vemos que ha estado en esta obra desde la edición de 1884 a la de 1992, definido como «Acostumbrar a los soldados bisoños a los peligros de la guerra», pero ha desaparecido de la última de 2001. Goytisolo, que no dispondrá de la última edición del diccionario académico, pudo encontrar la palabra en alguna de las ediciones anteriores. Aunque esto es lo de menos, lo que importa es saber por qué entra en el diccionario en 1884; sin tener una respuesta definitiva, parece que el adjetivo *aguerrido,* que se tomó del francés en el siglo XVIII, ha sido la base del verbo. Es lo que se induce de la consulta del *CDH*, en que no aparece ningún ejemplo de *aguerrir* y bastantes de *aguerrido;* lo cual se confirma con la práctica inexistencia de *aguerrir* en el *Diccionario histórico* y con lo que encontramos sobre estas palabras en el diccionario de Corominas. ¿Es este solo un recorrido por el pasado? No, es más que eso, es la manera de comprender la marginalidad de *aguerrir* en la lengua actual, pues a estas alturas espero que el lector prefiera entender por qué Juan Goytisolo acude a *aguerrir* y no si hemos de aceptarlo o rechazarlo porque se haya dejado fuera de la última edición del diccionario académico.

Conclusión

Me refería dos capítulos atrás a que hemos de contar con una serie de esquemas en nuestra lengua que pueden terminar convirtiéndose en palabras. Este de las palabras es un mundo dinámico que cambia según las épocas y a nosotros nos cumple contemplarlo en un momento de su historia. Dado que ese momento es el nuestro, nos parece el definitivo, por lo que resulta razonable que tratemos de preservarlo contra viento y marea del cambio; actitud que no desentona de la de nuestros antepasados, empeñados también en mantener todo cuanto les parecía que respondía a lo natural. Pero tanto ellos como nosotros nos atrevemos en ocasiones a romper con la tradición y nos damos a ordenar un poco las cosas (a menudo inconsciente y equivocadamente). Se conjugan así las tendencias centrípetas y centrífugas con respecto a la evolución de las palabras, como ocurre en el seno de una familia, donde sus miembros se reparten distintos papeles, muchas veces contradictorios. Hubo soluciones en el pasado —y en el presente— mejor o peor tramadas; y hubo, claro está, excesos, de muchos de los cuales supo también defenderse la lengua.

Espero que se entienda que, a pesar del cambio permanente a que se ve sometido el español, no es una obsesión mía sin fundamento pretender que se mantenga, en todo lo posible, su estructura morfológica. Gracias a ella ampliamos a cada momento su léxico, por medio de esos sutiles esquemas a los que me he referido antes; y nos permitimos además jugar inteligentemente con ellos cuando hablamos o escribimos. No olvido que los hablantes vamos adaptando las palabras a nuestros intereses, muchas veces atrapados por la urgencia y hasta desorientados por la banalidad. Siempre ha ocurrido así, pero, con todas las deficiencias que existan en nuestro sistema educativo, nunca hubo en el pasado tantas posibilidades como en el presente para conocer los mecanismos de nuestra lengua, por lo que debería ser cada vez más sencillo controlar aquello que cambia en ella a causa del error. Hablo de posibilidades, pues media una gran distancia, nada poética, entre la realidad y el deseo. Este se dirige a algo que me parece imprescindible para exponer mejor nuestras ideas y comprender las de los demás: lectura, lectura, lectura.

Pongo fin a estos tres capítulos en que he abordado algunos hechos relativos a la formación de palabras, que pueden haber resultado un poco duros para el lector. Si, a pesar de ello, ha llegado hasta aquí, lo felicito y lo animo para afrontar la lectura del siguiente, y último, en que me referiré al que parece el recurso salvífico que debería librarnos de cuantos problemas se nos plantean en el empleo de nuestra lengua: el diccionario.

VII
HOMERO TAMBIÉN DORMITA

Llegados aquí, me atrevo a hablar sobre los diccionarios con la pasión de quien trabaja en ellos, pero con la consciencia también de que estas obras no encierran entre sus páginas la realidad del mundo, a diferencia de lo que pensaba Belarmino, el ya citado zapatero filósofo de la novela de Pérez de Ayala:

> El diccionario, en su opinión, era epítome del universo, prontuario sucinto de todas las cosas terrenales y celestiales, clave con que descifrar los más insospechados enigmas. La cuestión era penetrar esa clave secreta, desarrollar ese prontuario, abarcar de una ojeada ese epítome. En el diccionario está todo porque están todas las palabras, luego están todas las cosas, porque la cosa y la palabra es uno mismo; nacen las cosas cuando nacen las palabras; sin palabras no hay cosas...

Nacieron los diccionarios no para abrirnos las puertas a la realidad, sino para ayudarnos a entender las palabras de otras lenguas —empezando por la latina—. Buscaron luego —situémonos en el siglo XVIII— facilitar la comprensión del léxico de la propia lengua que pudiera resultar desconocido o sobre cuyo sentido se tuviera alguna duda, o, incluso, intentaron dar a conocer las combinaciones posibles de las palabras. De lo que se trataba era de disponer de una guía para acertar con el uso adecuado, que no tenía que ver con el uso real, pues el laboratorio en que se decidía sobre el ser y existir de las palabras estaba en el magín de quienes conocían a fondo la lengua (de un modo particular a través de su literatura) y podían orientar, por ello, a los demás sobre cómo habían de hablar y de escribir.

Estos legislaban en materia de léxico dejándose llevar por sus propias ideas, que a veces están contenidas en una simple etimología, no siempre acertada. No bastaba con esto para desvelar la lógica de la lengua a quienes consultaran el diccionario, aunque la lógica tiene poco que ver con las explicaciones léxicas; tampoco la lógica nos orienta sobre cómo usar la lengua quienes mejor la conocen, los escritores. Se me ha preguntado muchas veces si *jugar un papel* está bien o mal empleado o deberíamos sustituirlo por *representar un papel* o *desempeñarlo*. Lo mejor es acceder al banco de datos de la Academia: encuentro allí unos cuantos ejemplos en que aparece *representar un papel* (que es lo que haría un actor), como adaptación razonable del francés *jouer un rôle;* pero conviviendo con otros tantos de *jugar un papel,* que supone una mala traducción de la combinación francesa (tan mala como si vertiéramos *jouer du piano* por *jugar el piano*), y de esta mala traducción se sirven tan buenos conocedores de nuestra lengua como Ramón Menéndez Pidal, Miguel de Unamuno o Fernando González Ollé. Optar ahora por *jugar un papel,* o por *representarlo* —o incluso por *desempeñarlo*—, tiene poco que ver con cualquier tipo de argumento, y mucho con el número y autoridad de quienes emplean lo uno o lo otro.

Disponemos con los diccionarios, al menos, de una guía que nos da seguridad para elegir una palabra o una acepción, o descartarlas. En la correspondencia de Gregorio Mayans (estamos en el siglo XVIII, en que se redacta el diccionario de la Academia que conocemos como *Diccionario de autoridades*) encontramos varias cartas en que su abogado, José Nebot, le consulta sobre problemas que no se atrevía a resolver, como si se podía decir *el llover* o *el tener padres virtuosos*, que le sonaban a valencianismos (cuando, como le responde Mayans, no se trata sino de que «los infinitivos suelen hacerse supuestos de algunos verbos. Entonces vienen a ser como unos nombres y se les puede poner el artículo *el*»); o cuándo se ha de usar *le* o *lo;* o si se puede acudir a palabras como *conmiseración* o *deprender,* que empleaba Santa Teresa, pero que en el siglo XVIII estaban anticuadas. Son las consultas de alguien que deseaba entender lo que leía, que abarcaba desde las obras del Siglo de Oro a las actuales.

Ocurre que no es fácil tener un Mayans a nuestro lado; en su lugar, buscamos en la gramática y, de un modo particular, en el diccionario la solución a los problemas que se nos presentan a cada paso en materia de lengua. Ya hemos visto en los capítulos anteriores que disponemos de bastantes recursos más, a los que deberíamos acudir; pero, de todos los materiales de consulta que están a nuestro alcance, el diccionario es una especie de servicio de urgencias de la lengua, para salir del paso, pero que no puede sustituir a una medicina preventiva que permitiera dar con el porqué de lo que decimos. O, si se prefiere, tomemos el diccionario como una guía, a la manera de la de teléfonos, por medio de la cual pudiéramos adquirir la seguridad de no estar marcando un número equivocado en esto de conectar con las palabras. Aunque tengamos en cuenta que, a diferencia de las guías telefónicas, hay tantos códigos como diccionarios.

Solemos disentir de los diccionarios cuando echamos en falta una palabra que nos parece normal, como le ocurre a un paisano mío, quien me sugiere —es un decir— que no me olvide de abogar en la Academia porque se incluya en el diccionario la voz *pitera,* que en Salamanca es una especie de chichón que se consigue de una manera tan sencilla como supone recibir una pedrada en la cabeza. Pero este tipo de carencias me parece menos importante que otras relativas a la definición de las palabras, pues solemos pensárnoslo dos veces, o más, antes de atrevernos a romper conscientemente con una definición del diccionario. Tenemos así *piafar,* que hemos importado del francés por vía literaria, en el siglo XIX, que está completamente alejada de la lengua popular y es ajena a América. ¿Quién se atrevería a emplearla en el sentido de 'ponerse nervioso el caballo' e, incluso, de 'relinchar', cuando el diccionario académico restringe su significado a cuando el caballo «alza ya una mano, ya otra, dejándolas caer con fuerza y rapidez casi en el mismo sitio de donde las levantó»? Hemos de armarnos de valor para admitir ese otro sentido; y eso que contamos con ejemplos como los siguientes de Gustavo Adolfo Bécquer: «los caballos que piafaban impacientes, cabeceando y haciendo sonar las cadenas», «ora el relincho de un corcel que piafando hacia sonar la cadena que le sujetaba al pesebre en las subterráneas caballerizas», o de Vicente Blasco Ibáñez: «Piafaban los caballos con la boca llena de espuma, y de vez en cuando un relincho contagiaba a toda la línea de brutos briosos, que parecían contestar con nerviosos pataleos a este llamamiento de libertad», junto a otros varios que no es necesario traer aquí a colación.

Es razonable que pese mucho en nuestros usos la autoridad de los diccionarios, pues somos conscientes de que cualquier equivocación que cometamos distanciándonos de ellos se achacará a una falta de cultura. Estas obras nos proporcionan una gran seguridad, aunque no se libren de unos cuantos tropiezos. Lo sabemos muy bien quienes nos dedicamos a esto, pues nos corresponde ocupar una parte de nuestro tiempo limando los errores —propios y ajenos— que han aparecido y se han acomodado en los diccionarios en distintos momentos; pero somos muy conscientes también de que los conocimientos filológicos y los medios técnicos con que contamos —muchos de los cuales los he ido presentando en los capítulos anteriores— hacen llevaderas hoy en día estas tareas, en una forma que hubiera sido impensable hace unos cuantos años.

El lector —a estas alturas, ya benemérito lector— no se ha de sorprender porque siempre pueda asaltarle el sueño a quien redacta una palabra del diccionario, sobre todo si trata de definirla un cinco de agosto, en Madrid, sin aire acondicionado, como hacían los venerables académicos empeñados en la titánica labor de sacar adelante el *Diccionario de autoridades*. Le pido, por ello, que sea tan comprensivo con los despistes de aquellos académicos y los de los de sus sucesores como lo fue Horacio en la *Epistula ad Pisones*. El poeta latino, al encontrarse con que el propio Homero se había salido de los cauces de lo sublime en un pasaje de la *Odisea*, lo justifica con un *aliquando bonus dormitat Homerus* ('alguna vez dormita el bueno de Homero'). El lector debiera incluso sonreírse al comprobar que algunos de esos despistes han terminado convirtiéndose en monedas de curso legal, de muchos quilates. Vamos a verlo.

Avilantez, felix culpa

Avilantez me recuerda a una de esas raras y exquisitas setas, los *perretxikos,* que se pueden degustar en algunos lugares del País Vasco solo unos pocos días del año. Tras toparse con la voz escondida en las páginas del diccionario, la han disfrutado unos cuantos *gourmets* de la lengua, como Andrés Bello, Rómulo Gallegos, Ramón Gómez de la Serna, José Ortega y Gasset, Gregorio Marañón, Francisco Ayala, Fernando Lázaro, Francisco Umbral. Baste como muestra de su uso el ejemplo siguiente: «El presidente del Consejo, para que sortease un escollo uno de sus ministros, había pedido a mi padre que no fuese a la Cámara aquella tarde; pero en plena sesión ese ministro que había motivado su ausencia tuvo la avilantez de señalarla como una claudicación»; al *avilantez* le cuadra bien aquí el significado negativo de «audacia, insolencia», que es la definición que le da el diccionario académico desde su edición de 1837. El término había aparecido definido ya en el *Diccionario de autoridades,* de una manera muy imaginativa, como «audacia, osadía, arrogancia, con el que el inferior o súbdito se atreve al príncipe o superior, se descompone contra él y le falta al respeto», que se enfocaba más a mostrar la audacia de los soberbios de baja condición que la intemperancia de los descarados. Lo de menos es la mayor o menor negatividad en el contenido de esta palabra, que, como vamos a ver inmediatamente, ha sido inventada y que, por tanto, cada usuario centra como puede dentro de este provisional vivir que le atribuyen los diccionarios. Importa por ello conocer su historia.

Procede, en realidad, del catalán *avinentesa* (derivada de *avinent* 'conveniente'), que encontramos en textos literarios a partir del siglo XV. Pedro Manuel de Urrea escribía, a principios del siglo XVI, que, de las mujeres, «las muy hermosas más presto tropiezan, porque se ponen en avinenteza por ser loadas y vistas», es decir, en situación oportuna para ser alabadas. A aquella misma época pertenecen los siguientes ejemplos de Diego Hurtado de Mendoza: «Ha sido muy bien no mover lo del vicariato, porque sería dar en el suelo con todo y justificar su ruin voluntad y darles avilenteza a ellos y a franceses a tentar algo», «Temía el Marqués si grueso número se acercase a Granada que daríase avilanteza a los descontentos para pensar novedades», donde la palabra sigue significando 'oportunidad'. Fijémonos en que ha habido un pequeño cambio de *n* en *l*, lo cual facilitaba que esta voz, al no estar amparada en su significado por otras de la misma familia con que relacionarse, se juntara con las malas compañías, como si se tratara de un ser vivo con una dosis razonable de espíritu gregario: *vil, aviltar, aviltanza, aviltamiento, aviltación*, con las que no tenía nada que ver.

Esta falsa relación con *vil* facilitó que se llegara a confundir el significado de 'ocasión' con el de 'vileza', del que le dota el padre Sarmiento, al escribir (estamos en el siglo XVIII): «Barbosa, ha tenido la avilantez de poner su mordaz pluma en uno de los mas ilustres autores de España», del mismo modo que Bartolomé José Gallardo, un siglo después, amplió el error acudiendo a un verbo *avilantar:* «¡Petulancia chocante avilantarse a sonrojar barba a barba a un hombre honrado...!». No debiera, pues, sorprendernos que los autores del *Diccionario de autoridades* desconociesen también el significado recto que tenía *avilantez(a)* y que interpretaran erróneamente los dos ejemplos siguientes del Siglo de Oro, uno de Diego Hurtado de Mendoza, del que ya hemos visto otros dos: «Esto dio a los enemigos mayor *avilanteza,* y a nosotros causa de dilación», y otro del *pare* Mariana: «Tomaron los Moros ocasión y *avilanteza* para sacudir el yugo», sin caer en la cuenta de que tenían el significado de 'oportunidad'. Y así, con este sentido erróneo, pasó al diccionario, quedando depositado en las avenidas más formales de la lengua como una palabra *de culto,* según ahora se diría.

Quienes, tomándola del diccionario, han empleado esta voz no tenían medios para saber que tuviera que ver con el catalán *avinentesa,* pues les resultaba normal relacionarla con *vil,* siguiendo a pie juntillas al diccionario, que, a partir de 1914, explica lacónicamente su origen: «de *vil*», por más que esa formación no se avenga con las reglas derivativas del español. Ramón Gómez de la Serna escribe: «la avilantez no menos vil porque sea permitida...»; Blanca Andreu muestra por el contexto —se trata de una entrevista que le hicieron en el año 1994— el refuerzo del sentido negativo de la voz: «Voy a utilizar una palabra que le gustaba mucho a Juan Benet, *avilantez.* La musa de Umbral es su propia avilantez, mejor dicho, su infame avilantez y se nota», que es precisamente el mismo sentido con que la utilizaba Umbral: «la avilantez del hortera».

Una variante suya, *avinenteza* ~ *avenenteza*, permaneció, en cambio, agazapada por un tiempo en el diccionario académico, manteniendo el significado 'oportunidad' que tenía en catalán, aunque los lexicógrafos la descatalanizaran en cuanto a su origen, pues la hicieron venir del latín *adveniens, -entis;* pero además de entender su significado, la caracterizaron correctamente como anticuada. Luego *avinenteza* y *avenenteza* fueron arrojadas del diccionario, mientras permanecía cómodamente instalada en él *avilantez* 'altanería'. Interpretada así de una manera disparatada, regularizó esta última sus papeles en cuanto pasó a ser utilizada por los más cultos, pues, como señalaban los autores del *Diccionario de autoridades:* «es voz antigua, pero muy expresiva y digna de usarse». Desde luego, en agosto y con calor, aquellos antepasados nuestros no se cortaban.

Detentar, los conflictos entre la llamada tradición y el préstamo

El caso de *detentar* es muy distinto, empezando porque, mientras que *avilantez* se trata de una elección culta para ornato de sus usuarios, *detentar* sirve como munición léxica para la contienda diaria de que disfruta mucha gente poniéndole a los demás los puntos sobre las íes. Clarín, a principios del siglo XX, se ensañó con Cánovas del Castillo por el empleo que el político hacía de este verbo: «Más que reprensible aún, sería innecesario (quiere decir inútil) que detentase hoy esta cátedra con fines personales de ningún género. Cánovas no sabe lo que significa detentar; es un término forense según el Diccionario, que solo significa retener lo que no nos pertenece». Al finalizar ese mismo siglo XX un periodista volvía a aprovechar que el Pisuerga pasa por Valladolid para descalificar a un partido político: «la recentísima resolución ha insistido en esta línea de descalificación técnica, e incluso gramatical, de la acusación del PP (el tribunal entrecomilla una indeliberada confusión de parte:

"Ejercicio de la acusación en el modo que se venía detentando")». No es irrelevante que a cien años de distancia sigan cometiendo algunos políticos fechorías ni que les acompañen, en el plano de la lengua, «muchos hablantes y escribientes que siguen haciendo un empleo insolvente del verbo detentar», como explicaba Fernando Lázaro en uno de sus dardos. Porque en este caso los diccionarios son claros; todos siguen los pasos del académico, que da a esta palabra las dos acepciones siguientes, restringida la primera al campo del derecho: «Retener alguien lo que manifiestamente no le pertenece», y la segunda, común: «Retener y ejercer ilegítimamente algún poder o cargo público».

Estando así las cosas, muchos escritores, periodistas y profesores universitarios no han tenido el menor interés en enterarse de que en esa segunda acepción el ejercicio del poder se ve como ilegítimo, por lo cual emplean el verbo en el sentido de 'tener algo, particularmente el poder'; así escribe Arturo Pérez Reverte: «mande quien mande, quienes detentan el poder siempre necesitan a los mismos», o Juan José Millás: «detentaba desde joven una cátedra», en contextos en que no se puede interpretar como que alguien retenga algo que no le pertenece. Y a ellos los acompañan muchas personas cultas, que se sirven erróneamente —si nos situamos en la perspectiva del diccionario académico— de este verbo y de sus derivados. Es el caso de Miguel Ángel Aguilar, Rafael Argullol, César Aira, José Álvarez Junco, Manuel Cruz, Antonio Elorza, Álvaro Delgado Gal, José Ignacio Fernández Vera, Carlos Fuentes, Miguel García Posada, Agustín García Simón, Baltasar Garzón, Enrique Gil Calvo, Joaquín Leguina, Ángel López García, Javier Marías, Thomas Mermall, Moisés Naím, José A. Pagola, Gregorio Peces Barba, José Luis Pensado, Baltasar Quart, Fernando Rodríguez de la Flor, Marta Sanz, Ignacio Sotelo, Jorge Urrutia, Manuel Vázquez Montalbán, Manuel Vicent, José Vidal Beneyto, Alejo Vidal-Quadras...

Tenía razón, en efecto, Fernando Lázaro en que «esa acepción neológica "se extiende, cunde, manda"»; pero no es menos cierto que, ante los avales que acabo de presentar sobre su uso, los diccionarios no deberían resistirse numantinamente a acoger en sus páginas este significado de la voz. Las personas que he citado no han cometido un crimen; simplemente no se han atenido a la doctrina de los diccionarios, por haberse contagiado del uso que la palabra tiene en francés —lengua que ha influido notablemente en la nuestra, aún durante gran parte del siglo pasado—, donde existe un verbo de la misma familia de *detentar,* es decir, *détenir,* tal y como leemos en: «celui qui détient le pouvoir de décider», que significa sencillamente 'tener, poseer', sin ningún matiz negativo; de él se han formado los derivados *détenteur* ('poseedor') y *détentrice* ('poseedora'). En lo que el francés coincide con el italiano, donde *detenere* significa 'poseer' y el derivado *detentore* se aplica al poseedor. Como un buen número de personas pensaron —espero que el lector no se empecine en corregirme este plural— que el empleo de este verbo con el significado que tenía en francés daba prestigio, comenzó a extenderse por un espacio mucho más amplio que el relacionado con el derecho, aunque sin desbordar los márgenes del registro formal, donde ha llegado a tener en los últimos tiempos una discreta aceptación.

Por otro lado, quienes se encontraban con este verbo, por ejemplo, en «el presidente Marcos detentaba el poder en Filipinas», ni se planteaban que fuera un galicismo ni creían necesario recurrir al diccionario para entender qué significaba, pues era transparente que tenía algo que ver con 'tener el poder'; y si este se había conseguido de una forma ilegítima, daba la impresión de que eso pertenecía a la situación, y no al contenido del propio verbo, tal y como hemos visto que ocurría también en *adolecer.* Lo curioso es que si esa persona hubiera sabido que este verbo tenía un significado negativo, le sorprendería el desorden que supone la existencia de un rarísimo *obtentor,* que aparece en el diccionario con el sentido de 'quien obtiene algo, particularmente una planta', que he leído recientemente en Manuel Rivas: «Julio es un leal estrellero de Sinbad, además de boticario y obtentor de rosas. Pero ocurrió algo que sacudió la vida del obtentor de Zaragoza».

Estoy, pues, de acuerdo con José Martínez de Sousa en la avinenteza de introducir este significado de *detentar* en el diccionario, simplemente para no dar la espalda a la realidad del uso. Hay un cauce por el que discurre la lengua, más ancho que ese arroyo del «estilo forense» del que se tomó en su momento el verbo, no con la intención de dar cuenta de un empleo vivo, sino de proporcionar la solución a los problemas que se le pudieran presentar a una persona culta para acercarse a los textos del pasado o a moverse por un ámbito técnico del presente como es el jurídico.

Muchos hablantes, ante la falta de un término preciso para referirse a esta acción de 'ser el depositario del poder de un modo que no es provisional ni mal adquirido', se conforman con servirse del muy general *tener*. Otros se han refugiado en *ostentar,* como Eduardo Mendoza: «la peculiaridad de que una mujer ostentase tanto tiempo el poder», que tampoco está aceptado en este sentido por el diccionario académico y que el diccionario *Vox* critica explícitamente («no es sinónimo de ejercer, desempeñar u ocupar un cargo»), por más que lo acepten otros diccionarios y Mariano de la Banda haya visto en él la salvación ante el «mal uso» de *detentar;* refiriéndose así este periodista a un presidente que *detenta* el poder, nos previene de que: «si esto es cierto, mucho ojito con ese presidente, porque *detentar* significa retener por la fuerza. Lo política y lingüísticamente correcto es que el presidente *ostente* su cargo». Hay una solución mejor, que, de momento, me parece la más adecuada (aunque no sirve para todos los contextos), si no nos decidiéramos a indultar a *detentar* de la interdicción que tiene; se trata de *ejercer el poder* que acabo de leer en Javier Marías.

Enervar, el triunfo final de los usuarios

Con *enervar* se han llevado las cosas de otro modo, pues el diccionario académico aceptó en la edición de 1992 el significado de 'ponerse nervioso'. Fue una decisión, aparte de razonable, valiente, como se deduce de lo que encontramos en una carta al director publicada en un diario de La Coruña, en 1999, varios años después de que la Academia introdujera esta acepción; se despachaba así una lectora con los escritores que —¡vaya por Dios!— pagan el IVA:

> Me he admirado, no gratamente, por cierto, ante el uso que se hace del término *enervar.* Si bien Goytisolo lo emplea así en su *Resaca,* no por ello deja de ser un error que se lee y se oye, no pocas veces, con horror. Y más aún saliendo de la pluma de un escritor con IVA. En cualquier caso a los de cultura de a pie nos deja tambaleando, sin fuerzas, aquí sí, enervados, pues ¿de quién aprenderemos si los eruditos de la pluma manifiestan tales lagunas semánticas? ¿Será, por eso, tal vez, por lo que los alumnos de la analfabeta ESO le preguntan por los ligues y no por la creatividad y magia de la narrativa? Tal vez... Le remito al *Diccionario de dudas* de don Manuel Seco que se lo explicará mejor que una servidora.

No sé qué es eso de las lagunas semánticas, ni qué tiene todo ello que ver con la magia de la narrativa, cuyo significado, por otra parte, tampoco comprendo muy bien, ni qué pintan los ligues con esto. Dejando de lado el monumental enfado de esta lectora, el hecho es tan sencillo como que las palabras cambian de significado y llega el momento en que uno nuevo se generaliza y se convierte en normal, creándose con ello, claro está, tensiones.

Me parece más razonable que la lectora de otro diario, María Luisa Rubio, se preguntara mucho antes, en 1992, lo siguiente:

> El señor Hermida, en su programa del pasado día 5, efectuó una entrevista a don Terenci Moix. Durante la conversación el señor Moix dijo que «enervaba...» en el sentido de que le sacaba de 'sus casillas' o similar. Esta palabra nadie, ni siquiera personas cultas, la emplea en su correcta acepción, que, según los diccionarios y enciclopedias que tengo en mi poder, es 'debilitar', 'quitar las fuerzas'. Debilitar las fuerzas de las razones o argumentos. Me pregunto si no sería posible que la Real Academia de la Lengua estudiase este fenómeno y, llegado el caso, cambiase su significado.

Esta lectora, en lugar de deducir que de este cambio iba a sobrevenir un desastre cósmico, pensó que, tratándose de algo razonable, lo prudente es que se admitiese. Se había admitido, en efecto, ya en 1984 en el *Diccionario manual* de la Academia; luego, en el año 1992, entró en el *Diccionario* usual (con la cautela de que en este sentido se trata de un galicismo). La prensa aceptó de buen grado la inclusión de esta nueva acepción, que había nacido mucho antes en Francia; así, cuando un lector critica el uso que se hacía de *enervar* en un periódico, en el nuevo sentido ya aceptado, el *ombudsman* de ese diario —seguimos en el año 1992— se escuda en la nueva edición del diccionario académico, señalando que, además de 'debilitar o quitar las fuerzas', significa también lo contrario: 'poner nervioso'.

La historia explica lo ocurrido con esta voz: se había tomado del latín, donde tenía el significado de 'debilitar', como resultado de cortar los nervios a un esclavo o a un animal para que no pudiesen moverse y escapar; este es el sentido que se mantiene en el lenguaje jurídico, como en el siguiente ejemplo de Miguel Herrero de Miñón: «el principio de nacionalidad efectiva puede enervar una declaración puramente jurídica», o en los «formalismos enervantes» a que se refiere Eduardo García de Enterría. Desde el uso técnico jurídico de *enervar* saltó este verbo a ámbitos no especializados, donde se relacionó con los *nervios,* en un momento en que se prestaba bastante atención a las enfermedades nerviosas. Aunque fue en el francés donde había nacido ese nuevo sentido; de ahí se extendió al español.

El problema es que cada pequeño cambio que se produce en el diccionario afecta a varias palabras que mantienen alguna relación entre sí. Por eso, al derivado *enervante* hubo que añadirle este sentido novedoso de *enervar;* pero no podía tratarse así a *desnervar:* el latín *enervare* se había adaptado al español no solo por medio del latinismo *enervar,* sino también por una formación romance *desnervar,* de uso más escaso aún que la anterior (he encontrado media docena de ejemplos en el banco de datos de la Academia, que van de la Edad Media a mediados del siglo XX, con el significado antiguo de *enervar;* es el caso de «destruxo e desnervó» o de «desnervado e sin fuerza»). Este verbo, que no conoce ni utiliza nadie, no ha sido arrastrado al nuevo sentido de *enervar,* por lo que resulta erróneo mantener en el diccionario la remisión de *desnervar* a *enervar.* Se ha perdido, por otro lado, con ello una buena oportunidad para desalojarlo del diccionario académico, siguiendo el ejemplo de lo que se ha hecho en la edición de 2001 con *desnerviar,* que antes aparecía como sinónimo de *enervar* (del que incidentalmente la mayor parte de los contados ejemplos que he encontrado en el banco de datos de la Academia tienen un significado distinto: 'quitar los nervios de un trozo de carne o una hoja'). Al menos no se ha introducido en el diccionario la creación *desnervizar* que se registra en Moreno Villa, a mediados del siglo pasado: «con cara de hombre reventado, destripado, *desnervizado,* aniquilado», uno más de esos sinónimos de *enervar* que surgieron dentro de su ámbito familiar.

La nueva acepción de *enervar,* ajena ya al campo del derecho y perteneciente a los registros formal y coloquial, se emplea en la actualidad sin la coacción de tenerla como errónea. No se puede decir que en este caso el diccionario no haya abierto las puertas a la realidad del uso. Otra cosa es que debiera haberse explicado además que una de las acepciones es antigua o formal y la otra coloquial y moderna.

Exprimir, el excesivo peso del pasado

Llegados aquí me atrevería a preguntar al lector si *me exprimo bien,* para comprobar si me entiende; pero corro el riesgo de que se ría de mí y dude si responderme o llamarme cursi u hortera. No sería para menos, si no me hubiera amparado en el propio diccionario académico, que dota al verbo *exprimir,* en su cuarta acepción, del mismo significado de *expresar.* El caso es parecido a *pedir,* en el sentido recogido en la décima acepción de 'preguntar' que mantiene el diccionario académico, si bien con la marca de *desusado.* En realidad se trata de un aragonesismo de Gracián («pedían cuál era el camino de los perdidos»), que encontramos también en el autor del falso *Quijote,* el conocido como de Avellaneda, al que Juan Antonio Frago le atribuye una patria aragonesa («pidiéndole de su salud»).

Todo ello es producto del mantenimiento en el diccionario académico —y en varios más— de una serie de voces o acepciones que existieron en el pasado, pero que se perdieron en tiempos modernos. Claro está que con ello, en muchos casos, se nos ayuda a entender los textos antiguos; pero esta cuadratura del círculo que consiste en pretender que el diccionario sea, a la vez que intemporal, útil para el presente, crea serios problemas, pues una cosa es recuperar una voz y otra conservar en el granero del diccionario muchas que para lo que sirven es para que un periodista haga bromas con ellas, como lo hizo, hace ya unos cuantos años, Luis Ignacio Parada en un artículo titulado precisamente «Hablemos claro», que debería llevar como subtítulo algo así como «Sinfonía en *c-*»:

> ¿Cómo van los políticos, coritos y calamocanos, a ciclar la economía, dedicados, como están, concejeramente, a ciar, confricar cirigallos y comaldulear? ¿Cómo van a salir del cangro de la corrupción y explicarle al capicardo que están fraguando carlancas allá en sus caramancheles mientras la gente del comedio estamos sumidos en la carosis, el cedizo y la catinga? ¿Quieren que caperuceemos como ceroferarios mientras cinglamos hartos de contumelias? ¿No será que aquí está haciendo falta abrir una cercera y aplicar un clíster en lugar de engañarnos como a cendolillas?

Mario Benedetti, muestra, a su vez, su sorpresa por esto en *Vivir adrede*:

> Por el diccionario circulan misteriosas acepciones, enunciados que nadie pronuncia. ¿Quién empleó alguna vez palabras como *rongigata, enruna, cadañal, pruriginoso, liquidámbar, cachunde, zarapito, despavesadura, dubda*? Sin embargo están allí, invictas, solitarias, guardadas.

Y concluye en algo que debiera hacernos pensar:

> Imagino que el diccionario se ha de reír a carcajadas cuando nos apabulla con esta jerigonza y nos deja taciturnos, como si nos hablaran en esperanto.

Con todo, disintiendo de la desmesura con que se suelen recoger palabras totalmente desaparecidas en los diccionarios, estoy de acuerdo con Pascal Quignard en que «toda palabra recuperada es una maravilla» y pienso por ello que, en dosis adecuadas, el arcaísmo puede servir de acicate para que un lector se interese por un texto y hasta por una palabra que puede merecer la pena poner en circulación. Yo mismo me he servido en este texto de los arcaísmos en dosis homeopáticas acudiendo, por ejemplo, a *crispamiento,* a sabiendas de que es más común *crispación; fornecino,* que se aplicaba al hijo bastardo, sentido que le cuadra a las palabras que se acogen en un apartado del libro. Me he excedido a propósito —pero forma parte del juego— dando entrada a *estol,* que es un catalanismo que aparece raramente en el siglo XV, que sorprendentemente está en el diccionario académico (con el significado de 'comitiva') y que apostaría algo a que soy la única persona de este siglo en haberlo empleado; o a *avinenteza;* o a *cuatrocentesco,* cambiando el sufijo de *cuatrocentista* por otro italiano. Acabo de recurrir unas páginas más atrás a *magín,* voz registrada, según ha mostrado Alberto Blecua, en textos literarios desde finales del siglo XVI, propia de rústicos y utilizada en situaciones cómicas, cuyo uso propició Cervantes y continuó luego un cervantista como Galdós. Habrá notado posiblemente el lector que he hecho como que me tropezaba con construcciones que habrían podido parecer incorrectas, como *Borges, cuyos son los ejemplos siguientes*, así como *a un su amigo...* No son sino guiños a usos del pasado que a mis colegas filólogos les resultarán comprensibles (¿por qué no se anima el lector a buscar en la red estas combinaciones, para encontrar de dónde las he tomado?). Otros guiños, como ese *maravilloso hermoso mes de mayo,* a que acudo en las páginas iniciales del libro, se dirigen a algunos amigos con los que comparto el placer por los *lieder* de Schubert, o como esa referencia a que *cualquiera a quien si se le pincha sangra,* que otros amigos lo recordarán de Shakespeare o de la película de Lubitsch, *Ser o no ser.* Algunos guiños más los he explicado en distintos lugares del texto.

Estas, que podrían tomarse como excentricidades, las he ido adobando —también con mucha moderación— con algunas voces regionales salmantinas, que, a diferencia de las anteriores, no las he aprendido en los libros. Si las he traído a colación es para mostrar que incluso los usos más alejados de lo urbano suponen un lujo que permite jugar y disfrutar con la lengua. Me hubiera gustado haber introducido en el texto *retolicar* (en el fondo se trataría del verbo *retoricar,* derivado del sustantivo *retórica*) con el que mi madre calificaba mis protestas verbales y no me he atrevido; como he tenido que contenerme al comentar algunos usos de Camilo José Cela, dejando de lado ese *¡ay galán!* de que se sirve en su *Pascual Duarte*, con que me recibieron los niños del que considero mi pueblo un día de julio en que caí por allí, hacia la mitad del siglo pasado. Pero sí me he atrevido a servirme de un *¡mejor vagar que tienen!* y de algo tan salmantino como *llegar a cogüelmo*. Hasta me he estirado con un *tornavirón*, que he oído —como *sorlavirón*— por la parte de Palencia.

He querido jugar incluso adentrándome por lo que se llama el registro vulgar, que, por eso de lo políticamente correcto, los lexicógrafos prefieren llamarlo de otras mil maneras. Me he servido para ello de los *puñeteros mosquitos,* amparado en un poema de Dámaso Alonso; y he llegado a usar voces como *cabreado, chorrada, cachondeo, de coña* y *pijería*. Y, lo que es peor, no he tenido el menor reparo en dar entrada a combinaciones mostrencas, como *dormir como troncos, corrientes y molientes, meter el cuezo, venir en gana, hacer la vista gorda, estar en el ajo, poner una pica en Flandes, meterme en harina* o *ya de puestos*; o en decir que *una golondrina no hace verano* o referirme a esa *vida pública nuestra de cada día,* como si el recuerdo de una construcción ya anticuada fuera un bien en sí mismo. Como verá el lector no me hago ilusiones de acertar al jugar con la lengua, ni siquiera cuando he recurrido a *ponerme estupendo,* que tuvo su gracia cuando se lo inventó Valle Inclán para uno de sus personajes, pero que el uso lo ha convertido en algo desnervizado, como ha ocurrido también con algo que se empleó con tanto tino en su momento, como *ni está ni se le espera*.

Y hasta me he embarcado por el dominio del que yo llamaría registro cursi y pelma, echando mano de *la diritta via,* como para fardar, o *in fashion,* en este caso a sabiendas de que estaría haciendo el ridículo si me lo hubiera tomado en serio; ridículo mucho mayor que el que he corrido con *glamour*. Con respecto a *on line,* sé que me costará algún disgusto, aunque lo haya utilizado con todo cuidado, refiriéndome, a propósito, al acceso a través de la red a diccionarios extranjeros; pero es que también se ha de entender que trate de ser moderno, no vaya a ocurrirme lo que a un preso que, en una viñeta del Forges, está en la cárcel por haber dicho que estaba «*en línea,* en lugar de *on line*».

Con esta confesión de mis intenciones de jugar a lo largo de este librito con la elección de unas cuantas palabras y locuciones que pueden haber sorprendido al lector, me he desviado demasiado del camino que había empezado a recorrer con *exprimir* al comienzo de este apartado. Vuelvo de nuevo a esta voz para mostrar por qué está en el diccionario, en su acepción de 'expresar'. Algunos escritores del siglo XV, como Alonso de Cartagena, el marqués de Villena o Alfonso de Palencia, habían adaptado el verbo latino *exprimere* como *exprimir,* de un modo paralelo a como se hizo en francés, manteniendo el significado de 'expresar' que tenía su base latina, como vemos en el siguiente ejemplo de Pedro Díaz de Toledo: «expremir e referir por palabras»; pero en español este verbo fue desbancado por otra creación culta del siglo XV: *expresar,* quedando relegado aquel a un uso esporádico por parte de algunos escritores proclives a los cultismos alejados de la lengua común, como ocurre con Fernando de Herrera, en el siglo XVI, quien, a propósito de la lengua de Garcilaso, escribe que «las cosas se exprimen de tal suerte con palabras, que parece al que lo oye que lo ve con los ojos».

Con el ejemplo de Herrera se dio entrada en el *Diccionario de autoridades* a esta acepción de *exprimir:* «especificar, decir con claridad y expresamente las cosas para su perfecta noticia y conocimiento», que coincide en esencia con el sentido que tiene *expresar*: «decir clara y distintamente lo que uno siente o quiere dar a entender». La edición reducida del *Diccionario de autoridades*, es decir, el *Diccionario usual* de la Real Academia Española, mantuvo en la edición de 1780 esa comunidad de significado en la definición de estas dos palabras. Luego, en 1791, se pensó que tendría que haber alguna diferencia entre *expresar* y su sinónimo *exprimir,* y se supuso —sin ningún fundamento— que este habría significado en el pasado expresarse «con viveza». Lo curioso es que los degustadores del diccionario —¿recuerda el lector lo que decíamos de *avilantez*?— hacen suyo lo que encuentran allí, aunque no lo hayan oído nunca; por eso Jovellanos puede apuntar en su diario, a finales del siglo XVIII: «Lectura en Condorcet sobre el modo de enseñar el arte de exprimir las ideas».

Cuando se inventa la realidad para huir del desorden se corre el riesgo de tener que seguir alterándola para escapar a la consiguiente confusión. Tal y como vamos a ver, en el diccionario académico se mantuvo una diferencia inexistente entre *expresar* y una de las acepciones de *exprimir* hasta la edición de 1899; luego, en la de 1914, se tuvo la buena idea de restaurar esa relación como de pura sinonimia, definiendo una de las acepciones de *exprimir* como «expresar, manifestar» y buscando la diferencia en que la acepción esta de *exprimir* era «figurada». Con mejor criterio aún, en el *Diccionario manual* de la Academia de 1984 se añade a esta condición de «figurada» la de «desusada», que continúa luego en el *Diccionario manual* de 1989. Cuando las cosas llegaron por fin a parecer medianamente razonables (pues más razonable aún hubiera sido desalojar esa acepción del diccionario), se termina despojando a la voz, en las ediciones posteriores, de su condición de anticuada o desusada. Así, a un lector actual, con el pretexto de que el diccionario de uso ha de servir también para entender la lengua del pasado, se le induce a pensar que *exprimir* es una posibilidad normal para el significado de 'expresar'. ¡No sé si me exprimo!

De las tareas que tienen por delante los filólogos: sobre *jinglar* y otras problemáticas palabras

Los ejemplos anteriores han de servirle al lector de preparación para entender una parte de las labores que desarrollamos en la actualización del diccionario académico, para lo que se requiere un buen instrumental filológico. El trabajo continuado que se realiza sobre esta obra —que nada tiene que ver con colonizar con nuestras palabras el ancho mundo americano— no se reduce a la introducción de las nuevas voces que vayan surgiendo a diario en nuestra lengua ni a la mejora y actualización de las definiciones que tenemos en el diccionario. Todas nuestras tareas se han de complementar con otras filológicas, que son ciertamente las menos vistosas, pero que resultan imprescindibles si creemos que merece la pena mantener viva una obra que a lo largo de tres siglos de existencia ha ido incorporando unos cuantos errores.

Es el caso del galicismo *jinglar*, que acorde al significado de la voz en su lengua de origen, el francés, dio lugar a «dar gritos de regocijo, burlarse», al que se acumuló una acepción incomprensible: «moverse de una parte a otra colgado, como en el columpio»; se trata en este último caso de una mala interpretación de un ejemplo de *La pícara Justina* por parte de quienes redactaron el *Diccionario de autoridades*, que se mantuvo en las demás ediciones del diccionario académico. El pasaje que aparece en este texto del Siglo de Oro se refiere a la codicia con que miran el oro las mujeres: «me avían dicho que traía al cuello un muy hermoso Cristo de oro esmaltado..., además de unos pendientes de perlas graciosas y costosas, que de solo oírlo me *jinglaba* el corazón». Las monedas, cuando son de ley, 'cantan', 'dan gritos de regocijo' o, si se prefiere, 'suenan bien'; nada que tenga que ver con 'columpiarse'.

Lo ocurrido con *fabrido* es muy semejante, pues esta palabra no ha tenido nunca el significado de 'fabricado' que le da el diccionario académico. El problema empezó también en el *Diccionario de autoridades*: allí, un ejemplo como «cuarenta caballeros armados de arneses de guerra muy febridos», de la *Crónica de don Juan II*, del siglo XV, llevó a definir *febrido* como «guarnecido, fortificado»; en lo que se acierta en la primera palabra, en el sentido que tiene de 'adornado', pero se yerra en la segunda, como veremos. Gómez Manrique emplea, en cambio, *fabrido:* «las vajillas fabridas» y «las tazas fabridas». Tanto *febrido* (que aparecía en el *Diccionario de autoridades*) como *fabrido* (que no aparecía) eran adaptaciones razonables del catalán *febrit,* pues en esa lengua no se distingue la *a* de la *e* cuando no están acentuadas y, por eso, en castellano se podía adaptar *febrit,* tanto con *e* como con *a*. En la edición del diccionario académico de 1791 se precisó la definición de *febrido* cambiando razonablemente «guarnecido, fortificado» en «bruñido», que es el significado que tiene la voz en catalán; por otro lado, se introdujo en esta misma edición, como si se tratara de una palabra distinta, este otro *fabrido* que he citado en Gómez Manrique, que es, como decía, una mera variante del anterior, con el significado problemático de «labrado», que mucho después, en la edición de 1914, se sustituye por el disparatado de «fabricado» (basándose en la que se cree su etimología: del latín *fabritus* 'fabricado'), fantasma que ha llegado hasta la actualidad. Creo que hemos de sacar del diccionario ese *febrido* bien definido que aparece en él, pero que no existe, en cuya salida debiera acompañarle esa otra variante suya *fabrido,* definida de una manera errónea.

Hay, entre los huéspedes que no debieran haber sido admitidos en el diccionario, un *doña*[1] 'don, regalo', cuya *ñ* se debe a que en los textos medievales el sonido *n* podía representarse por medio de dos enes, tal y como ocurre en el siguiente pasaje del *Cid*: «A las fijas del Cid el moro sus donnas dio» (igual que aparece *donnas* en otros textos medievales, como en la *General estoria* de Alfonso X o en la *Historia troyana,* pero en las ediciones críticas se transcribe razonablemente como *donas*). De ese modo se incorporó un inexistente *doña* al diccionario, como 'joya', que se trata de un antiquísimo *dona,* procedente del latín *dona,* plural de *donum*.

Los problemas no solo se deben a errores interpretativos de los datos del pasado, sino incluso a meras equivocaciones técnicas, como la que ha visto Javier Rodríguez Molina en la voz *decocción*, que se refiere al 'líquido que resulta de cocer, por ejemplo, un pedazo de carne con unas verduras'; dejémoslo así, sin afinar la definición, pues lo que importa es señalar que la otra acepción, restringida al ámbito de la medicina, que se da a esta palabra es incomprensible sin más: «Amputación de un miembro o de cierta parte del cuerpo» (que pasa al diccionario de María Moliner). Entra esta acepción en la edición del diccionario académico de 1936, sin que se conozca ningún documento que la apoye, pues es consecuencia de un mero error: se intentó introducir *decolación* 'decapitación', como término médico con el significado de 'amputación' que tiene la palabra en ejemplos como el siguiente de Pérez Galdós: «opinó el maestro que urgía la inmediata *decolación* del brazo izquierdo», en correspondencia con el que le dan los diccionarios médicos modernos y con el que tiene *decolation* en inglés y *décolation* en francés, aplicado preferentemente a la decapitación de un feto muerto, para facilitar su extracción. Los redactores del diccionario de 1936 colocaron por equivocación la ficha de *decolación* dentro del lema *decocción*. Una equivocación meramente mecánica, debida a la contigüidad física de las fichas en que aparecen dos palabras, originó que una de ellas pasara a ser una acepción —incomprensible— de la otra. Es el mismo caso de la novena acepción de *cala*[1]: «lugar distante de la costa, propio para pescar con anzuelo», que debiera haber ido a *cala*[2] 'ensenada'. Nadie está libre de una equivocación, pero es razonable que quienes trabajamos en el diccionario de la Academia seamos los primeros en dar cuenta de problemas como estos, con los que no se suele contar.

Azagaya, los resultados de la comparación

Ha señalado María Herreros Jiménez como un mérito de uno de los mejores lexicógrafos modernos, Esteban de Terreros y Pando, autor del magnífico *Diccionario castellano con las voces de ciencias y artes* (1786-1793), su acercamiento a la realidad a la que se referían las palabras, para poder «informarse de ella con sus propios ojos», aparte de consultar a cuantas personas pudieran ayudarle con sus conocimientos. Pero hay muchas ocasiones, de un modo particular cuando dirigimos nuestra mirada al pasado, en que no se puede acceder directamente a esa realidad, sino actuar por medio de la comparación entre las distintas palabras que mantienen una relación. Casos en que es necesario perfilar su sentido a través de circunstancias que no nos parecerían centrales para establecerlo, pero que resultan imprescindibles para entenderlo.

Servirá de ejemplo una voz que se ha redactado ya para el *Nuevo diccionario histórico* de la Academia: se trata de *azagaya*. Cuando empezamos a tratar de establecer su significado, partíamos de la definición del diccionario académico: una «lanza o dardo pequeño arrojadizo» (de ella, incidentalmente, sobra *arrojadizo,* por estar contenido el adjetivo en la definición de *dardo*). Caracterizarla como una *lanza* supone quedarse en una mera clasificación, a lo que nos resignamos muchas de las veces que hemos de definir los elementos de una realidad que no conocemos suficientemente.

En este caso se puede allegar un poco más de información, no por la vía especulativa, sino a través de distintos testimonios. Los que nos proporciona nuestro banco de datos —insisto en que está en la red a disposición de cuantos quieran consultarlo— no saltan la frontera de los últimos años del siglo XVII, aunque después quienes escriben novelas de corte histórico los exhumen, aplicados al pasado. Nuestros ejemplos se referían a una lanza que no era propia de los ejércitos regulares, sino de grupos considerados marginales, particularmente musulmanes, turcos e indios. A uno de estos grupos se refería don Luis de Milán en *El cortesano* (1561): «Para una doña Francisca, / qu'es señora de la Daya, / que mata como azagaya, / qu'es una lanza morisca».

Dicho esto, en textos particulares referentes a la prehistoria se recurre también a *azagaya,* pero como un tecnicismo para designar el tipo de lanzas o dardos de hueso que aparecen en las excavaciones de ese período. Merecería incorporarse este sentido como segunda acepción de la palabra, que, sin embargo, no supone una expansión de significado a partir de la primera, sino que ha surgido de la siguiente manera: *azagaya* se había importado al francés como *sagaie* para designar un arma arrojadiza propia de grupos también marginales, como son las de esas tribus a las que nuestra petulancia considera primitivas, para justificar que los europeos —algunos con más esmero que otros— merecemos seguir sacándolas de las tinieblas. Por esa marginalidad de quienes utilizaban esta arma, se sirvieron los franceses de ella para designar, cuando se inició el estudio científico de la prehistoria, las armas arrojadizas que se iban encontrando en las excavaciones. Procediendo de la escuela francesa el estudio de la prehistoria en nuestro país, ¿no es explicable que se introdujera *azagaya* en español, ahora como un tecnicismo histórico para designar estos utensilios prehistóricos?

Suele encenderse una luz para interpretar los datos que podamos allegar sobre una palabra, cuando los comparamos con los de otras que se relacionan con ella. Tenemos así *chuzo,* que es un instrumento que existe, por lo menos, a partir de finales del XVI, referido a un tipo de 'arma blanca de asta' y que desde el siglo XVIII pasa a referirse en España casi de modo exclusivo al instrumento de defensa que llevaban los serenos durante su trabajo nocturno; mientras que en textos hispanoamericanos sigue siendo el arma característica de los indios (baste solo con acudir al siguiente pasaje del capítulo 11 de *Gaspar Ruiz,* de Joseph Conrad, situado en Chile en la época de la independencia de España: «The masses of Indians had begun to move upon the fort. They rode up in squadrons, trailing their long *chusos*»).

Considerados *azagaya* y *chuzo* instrumentos defensivos impropios de los ejércitos regulares, encuentran un buen complemento en *espiche,* acogido en el *Diccionario de autoridades* en una acepción (no es la principal) mantenida en las demás ediciones del diccionario académico: «Arma o instrumento puntiagudo; p. ej., un chuzo, una azagaya o un asador». No se trata realmente de un arma, sino de un utensilio que se puede emplear como arma, del mismo grupo que los *asadores,* los *palos,* etc., tal y como vemos en el siguiente ejemplo de Mateo Alemán: «una bandada de aquellos mozalbillos, habiéndolos reconocido, cuál con honda, cuál a brazo, unos con azagayas, palos, chuzos, otros con asadores, no dejando segura la pala o barredero del horno, como a perro que rabia, salieron a ellos».

Si en la actualidad se mantuviera la definición de *azagaya* como un tipo de lanza, sin precisar el uso particular que tuvo en el pasado, y no se la relacionara con *chuzo* y *espiche,* el lexicógrafo estaría actuando como un *amateur,* sin saber aprovechar los medios que tiene a su disposición, gracias al desarrollo que ha experimentado la filología. Se induce de lo mostrado en este apartado, en consonancia con lo que hemos visto en otros, que no debemos convertir en juicios nuestros prejuicios, pues la urdimbre del tejido que componen las palabras de una lengua es mucho más compleja de lo que parece a simple vista. Por eso, en la Academia tratamos de atender con cuidado a los datos históricos —no es una casualidad que se haya vuelto a poner en marcha la redacción del diccionario histórico del español, ahora con el título de *Nuevo diccionario histórico,* pensado incluso para encontrar en él una orientación imprescindible para la comprensión del léxico actual—. Contaba hace tiempo José María Pemán cómo Julio Casares, que fue secretario perpetuo de la Academia, era capaz de dar con las palabras precisas para montar cualquier definición. Pero para llegar a ese momento de definir, antes se ha necesitado contar con la correcta aplicación de las disciplinas científicas que confluyen en lo que conocemos como lexicografía; y, sobre todo, con el apoyo de la filología, que permite sortear tantos obstáculos como se nos presentan en todo momento, relacionados con la realidad de los ejemplos en que surgen los significados.

Zapear, los caprichos de la etimología

Voy a terminar esta aproximación al diccionario y a sus problemas pendientes por medio de algunas consideraciones sobre la etimología. Me refería antes a que se suele depositar en ella la explicación del porqué de los hechos del léxico. Puede, en efecto, ayudarnos alguna vez a entender la razón de la existencia de una palabra o de su significado, como ocurre con la voz *verso*², que se define como «pieza ligera de la artillería antigua, que en tamaño y calibre era la mitad de la culebrina», para lo que no resulta inútil saber que se tomó del portugués, de una voz emparentada con el leonés *brizar* 'acunar', que tanto sorprendió a Miguel de Unamuno cuando se lo encontró en el campo de Salamanca. Es una buena orientación para entender que ese cañón de barco de pequeño tamaño, de la misma familia de *brizar,* podía balancearse como se balancea una cuna.

Hay casos en los que hemos de resignarnos a no llegar a una explicación etimológica. Una cosa es no saber el origen de una palabra y otra muy distinta pensar que todo valga en ello, como queriendo dar la razón a Laurence Sterne, que en su *Vida y opiniones del caballero Tristram Shandi* escribió que «la inestabilidad en los significados de las palabras ha ofuscado a las mentes más preclaras y exaltadas». Por eso deberíamos evitar casos como los que cuenta el novelista Luis Magriñá, recordando la época de su trabajo como lexicógrafo, en una entrevista que le hace Arcadi Espada en el año 2005:

> La lexicografía es literatura homeopática y uno de los lugares más propicios para la invención de la tradición, como había percibido más de una vez en algunos de sus superiores, tan propensos siempre a buscar lujosas etimologías simbólicas que disfrazaran la agobiante pobreza material. De aquel tiempo guardaba recuerdos imborrables, y nunca más cierto, porque están perfectamente documentados. Por

> ejemplo, la etimología que la antigua edición del diccionario atribuía a *transistor*. Del latín *transistor -oris,* como es bien sabido. O, siguiendo en el mismo campo de los inventos, *televisión,* de *tele* y *visión,* como se especificaba con rotunda tranquilidad, con la esperanza de que los españoles la hubiesen inventado. Y su favorita, la realmente magistral *zapeo,* que se reconocía como una adaptación del inglés *zapping* «con influencias del español *zape*».

No todo se ha de explicar en el dominio de lo etimológico, por lo que, de admitir un diccionario un apartado para la etimología, esta solo debería aparecer cuando tenga un alto grado de seguridad. En cambio, hay casos en que se debería dar una información histórica, no ya estrictamente etimológica, imprescindible, al menos, para esas voces que con el paso del tiempo han desarrollado acepciones contradictorias. En ellas se fijó Alex Grijelmo, comentando la edición de 2001 del diccionario académico:

> El diccionario ya incluía antes definiciones de palabras que equivalían a una cosa y su contraria. Así sucedió con *enervar,* que lo mismo significa 'tranquilizar' que 'excitar' (con lo cual queda anulada la palabra: nunca sabremos qué se quiere decir realmente). Ahora ocurre también con *incautarse,* que significa hacerse con algo legalmente, pero también de manera arbitraria. O con *evento,* que puede ser un hecho inseguro o imprevisto (con los genes de *eventual* y *eventualidad*) o un acto programado (con los clones de *event;* de modo que un evento puede no ser eventual).

En efecto, nuestros diccionarios tendrían que actuar con algunas acepciones, o bien descartándolas como anticuadas, o bien explicando que se contradicen con otras surgidas más modernamente. Y esto debería hacerse, aparte de con las que cita Alex Grijelmo, con varias más, como *concitar,* cuya tercera acepción, «reunir, congregar», que es hoy la usual, le parecía a Arturo Capdevila, a mediados del siglo pasado, una de «las mayores aberraciones del habla por estas regiones del Plata». Hemos de elegir entre esta acepción y la primera, «conmover, instigar a uno contra otro» (de la que prescinde el diccionario de Manuel Seco) para entender los textos: en «sus voces de arpegios argentinos, que concitaban a envidiosa emulación al coro de pájaros gorjeadores», al aparecer en la novela de Serafín Puertas *La bribona,* de principios del siglo XX, hemos de suponer que esas voces instigan a los pájaros, para que se emulen; del mismo modo que en el ejemplo siguiente de Manuel Cruz, de finales del siglo pasado, se ha de tratar de la tercera acepción: «un modelo atractivo capaz de concitar alrededor suyo amplios consensos colectivos». Para evitar la confusión, en un caso como este bastaría con una marca histórica que explicara que el sentido primero es antiguo y además prácticamente desaparecido. Hay otros casos como el de *ahilar(se),* que significa 'ir en fila' o 'debilitarse', ambas acepciones muy poco usuales, en que hemos de extraer el significado del contexto (yo he empleado páginas atrás el verbo, teniendo la prudencia de dar cuenta de en qué sentido lo hacía). Con respecto a ello no le vendría mal al lector saber que el sentido de 'ir en fila' tiene que ver con *hila* 'fila', que se usó antiguamente, mientras que el de 'debilitarse' se debe a la acción de ir adelgazando la lana cuando se va hilando.

Llegados aquí, me he de detener para preguntarme si en muchas de las palabras que mantienen estos sentidos contradictorios no debieran desaparecer del diccionario las acepciones que nos consta que ya no se usan. Dejaré en suspenso la respuesta, porque a estas alturas lo prudente es ir terminando el libro. Antes haré solo un par de observaciones: la primera, que una obra baciyélmica que pretende servir para entender los textos del pasado a la vez que los usos del presente deja mucho que desear en cuanto a lo primero, cuando faltan tantas cosas del pasado y sobran tantas otras, tratándose de una historia que estamos contemplando a través de los ojos de quienes empezaron a redactar, hace tres siglos, el *Diccionario de autoridades*. La segunda incide en las consecuencias que una obra de este tipo tiene sobre un presente en que no deberíamos pensar en *el diccionario,* sino en distintos tipos de diccionarios, de los que el fundamental, de entre los posibles, sería el que habría de servir para el mejor conocimiento del léxico actual realmente existente: no solo el que emplean los hablantes, sino el que conocen pasivamente, que les permite entender muchas cosas que no dirían; léxico en el que no pueden faltar, claro está, las voces anticuadas, que nada tienen que ver con las palabras inexistentes.

Cierre

Las reflexiones hechas en este capítulo se han dirigido a mostrar algunas tareas filológicas con las que no se suele contar en ese trabajo continuo a que han de someterse día a día nuestros diccionarios. Lo cual le servirá al lector para darse cuenta de que todo es perfectible, incluso los instrumentos en los que ha de encontrar la seguridad de sus usos lingüísticos. Habrá podido comprobar que no he practicado el culto de latría con respecto a los diccionarios, en uno de los cuales, el de la Academia, tengo una responsabilidad compartida con mis compañeros de corporación. Sé que beneficia poco el derrotismo, pero mucho menos la complacencia irreflexiva. Y no hay nada de lo uno ni de lo otro cuando de lo que se trata es de mostrar que quienes trabajamos en una obra como esta somos conscientes de algunos problemas que se han de ir solucionando, poco a poco, con la filología de por medio.

Resolver los problemas que las obras lexicográficas arrastran del pasado no es menos importante que la impaciencia por adoptar los términos que surgen a diario. Hace un siglo, José Fernández Bremón, en *La Ilustración española y americana,* escribía algo que, en sus conclusiones, se podría suscribir hoy, cambiando la imprenta por la red: «el uso era en otras épocas la acción lenta del tiempo y de los hombres sobre las palabras de una lengua: hoy es la impulsión de una máquina rotativa que multiplica y difunde el desatino en millares de hojas y lo siembra por todas las provincias. Es decir, el uso se ha convertido en el abuso». Proponía que la Academia, ante esta velocidad, diera cuenta a través de la prensa de las novedades que mediaban entre edición y edición de su diccionario, para orientar sobre la creación de las nuevas palabras y evitar de ese modo el exceso de términos conocidos entonces como bárbaros, que terminaran tomando carta de naturaleza en nuestra lengua. Dispone hoy la Academia de medios infinitamente más rápidos que la prensa para presentar su trabajo. Pero es consciente también de que nos esperan cambios tan abultados que pueden originar que los diccionarios, incluso en formato electrónico, se conviertan pronto en una venerable antigüedad. ¿No se lo han parecido al lector los actuales, cuando él mismo podía mejorar la información de estos en ese pequeño laboratorio de campaña que ha podido construir? Por eso empezamos a hablar entre los lexicógrafos de los diccionarios a la carta que van a poder construirse sin gran dificultad.

Al moverme por el diccionario en tu compañía, amigo lector, mi intención ha sido contribuir a librarnos de simplificaciones sobre él, como la que hace un escritor que admiro, y al que he citado hace poco, Mario Benedetti, del fondo de cuya queja, en *Vivir adrede,* he de disentir:

> Cuando las palabras ingresan en el diccionario las pobres están perdidas. Si la palabra está sola, al aire libre, se levanta su significado, dice algo, lo sostiene. Pero cada entrada en el diccionario, la muchedumbre de significados lo asfixia.
>
> En Argentina, Costa Rica, Cuba, Honduras, Uruguay y Venezuela, al diccionario lo llaman mataburros, quizá porque los burros son por ahora analfabetos. Sé que alguien proyectó hace un tiempo editar un diccionario con las pala-

> bras corrientes, las que todos usamos, pero resultó un volumen tan reducido que nadie lo quiso publicar.

En nuestras manos está no solo llenar el diccionario con palabras corrientes, dotándolas de los sentidos con que realmente se emplean, sino hacer corrientes tantas otras que no lo son, solo por nuestra incuria. Para ello tenemos un apoyo en el diccionario, pero solo si lo tomamos como un complemento de la lectura y el diálogo; solo si no hemos perdido el gusto por tratar de hablar bien y nos empeñamos en leer, leer, leer... Permítaseme que insista en ello por última vez y cierre así este libro, antes de escribir una breve conclusión.

Fin

Hemos llegado al final de este libro dedicado a contar la historia de unas cuantas palabras. Llevaba dándole vueltas, hace ya algún tiempo, en unas largas conversaciones con mi hermana Carmina —a la que no por casualidad he dedicado este ensayo—, a partir del verano de 1998. Todo empezó con el acicate de unas pocas y contundentes afirmaciones de alguien a quien recuerdo con un afecto y agradecimiento inmensos, Ángel Martín Municio: «hay que dejar la matraca de la historia de la lengua y subirla al carro tecnológico»; fue una comprensible salida de tono de quien estaba obsesionado por las enormes carencias de nuestra lengua en materia de terminología. Pero ni yo me tomé a mal esta frase ni él hizo otra cosa que reírse, con un enorme cariño, mientras trataba de convencerlo de que la atención a la terminología no se contradecía con atender a la historia del léxico, cuando esta no responde a la mera curiosidad por lo que ha ocurrido en el pasado, sino que busca alguna orientación en él para explicar los usos actuales. No sé si llegué a convencer a don Ángel de esta necesidad del conocimiento de la historia del léxico. Creo que sí, pues cuando le expuse mi idea de lo que debiera ser el diccionario histórico de la Academia —era el año 2002, estábamos en San Juan de Puerto Rico, y resultaba muy importante saber si apoyaría o no esta obra— reaccionó con un entusiasmo que me sorprendió.

Por entonces yo había empezado ya este libro que, verano a verano, se fue completando, con el apoyo que supone el acceso a los materiales que había construido la Real Academia Española, para cimentar en ellos su nuevo diccionario histórico. Con esos materiales no me he ocupado de contar al lector historias curiosas sobre las palabras, sino historias que puedan servirle para entender mejor los usos del presente. Gran parte de las ventajas que tuve yo para escribir este libro las tiene ahora el lector, ya que tiene acceso a los materiales que la Academia ha depositado en su portal; con ellos, en el capítulo sexto de este libro he tratado de proponer una especie de laboratorio de campaña que permita trabajar de una manera que antes hubiera sido impensable incluso para un filólogo. A esos materiales deben añadirse los diccionarios. Entre los de la Academia he acudido al primero de todos, el conocido como *Diccionario de autoridades,* del siglo XVIII; junto con él utilicé las distintas versiones reducidas de esa obra (veintidós), a las que cito como *Diccionario* de uso, así como distintas ediciones del *Diccionario manual,* en que la Academia tenía una manga más ancha que en el anterior. He acudido también al *Diccionario panhispánico de dudas* de la Academia. Se citan igualmente los diccionarios de Seco, de María Moliner y el diccionario histórico de la Academia; lo cual no significa que no existan otros de interés, como es el caso del *Diccionario Salamanca* de editorial Santillana, el *Diccionario clave* de la editorial SM o el *Diccionario Redes,* de Ignacio Bosque, de esa misma editorial, y varios más. De los diccionarios antiguos, he consultado en alguna ocasión el *Tesoro* de Sebastián de Covarrubias, de principios del siglo XVII. Han influido notablemente en mis opiniones algunos libros normativos referentes al léxico, de Valentín García Yebra, Pilar García Mouton, Alex Grijelmo, Bertha Gutiérrez Rodilla, el marqués de Tamarón, aparte de los citados en el texto de Fernando Lázaro y Leonardo Gómez Torrego.

Nadie supondrá que sean estos los únicos materiales que he tenido a mi disposición. Son muchos más en los que me he basado, algunos de los cuales voy a señalar con cierta imprecisión, porque no trato de que sirvan para que el lector amplíe por medio de ellos sus conocimientos, sino solo para que no piense, por un mínimo sentido de justicia, que todo esto ha salido de mi cabeza. Cuando en el cuerpo del texto se cita a un autor no vuelvo a referirme a él aquí. Y no proporciono las referencias concretas de la prensa. De no haber actuado así, el libro se hubiera llenado de notas y el lector de fatiga. Lo cual, además, carece de importancia, cuando no trato de contrastar opiniones ni argumentos, sino de ejemplificar hechos.

Aparte del diccionario de Corominas y de varios artículos míos (entre ellos uno escrito en colaboración con Ramón Santiago Lacuesta y otro con Joaquín García Palacios) se me vienen a la memoria aquellos trabajos a los que he tenido que acudir a menudo durante la redacción de este libro —particularmente en los capítulos de morfología—, de José Alemany, Mar Campos, Laurie Bauer, Violeta Demonte, David Serrano Dolader, Charles E. Kany, Jesús Pena, Steven Pinker, Franz Rainer, María Victoria Romero Gualda, Ramón Santiago / Eugenio de Bustos y Soledad Varela, publicados algunos de ellos en la fundamental gramática del español que dirigieron Violeta Demonte e Ignacio Bosque.

No quedan cerradas con ello mis deudas, pues las he contraído también con quienes han leído algunas partes del texto o el texto íntegro, y lo han corregido y limpiado de errores, aparte de haber aportado datos realmente importantes para su mejora: Mar Campos, Juan Díaz de Atauri, Jaime Fernández Vera, Blanca González Zapatero, Adela Mora, Isabel Morant, Mariano Quirós y, de un modo particular, Rosa Navarro y Javier Fresán. El apoyo de la editorial, la competencia de Pilar Cortés y su indudable paciencia han sido decisivos para que viera la luz este libro y hasta para animarme a preparar otro, con el que me atrevería a amenazar al lector.